O DESPERTAR DE UM NOVO DIA

ITAPUÃ
EDITORA E GRÁFICA

O DESPERTAR DE UM NOVO DIA

Analisa Carmo
pelo espírito *José da cunha*

Agosto / 2009

COPYRIGHT © 2007
Analisa Carmo

PROJETO GRÁFICO
Itapuã Editora e Gráfica

CAPA
Paulo Moran

REVISÃO
Jaqueline Paiva Santos

PEDIDOS:

Rua Iporanga, 573 - B. Jardim Pérola
Contagem - MG - Brasil
CEP - 32110-060
(31) 3357-6550
E-mail: itapuaeditora@itapuaeditora.com.br
www.itapuaeditora.com.br

C28g   Cunha, José da (*Espírito*)

    O despertar de um novo dia / José da Cunha;
psicografado por Analisa Carmo.
Contagem: Itapuã, 2007.
    260 p.
    1. Romance espírita. 2. Obras psicografadas.
I. Carmo, Analisa Carmo. II. Título.

                                          CDD 130
ISBN 978-85-98080-50-5   140

Benefício comportamental concedido ao homem, o renovar-se nos princípios do Criador, as experiências são repassadas para as valiosas reflexões.

Estagiários, peregrinos ou andarilhos, assim são todos os espíritos em projeção à luz.
A peculariedade das passagens descritas nas páginas a seguir impulsiona a todos para a corrigenda dos atos.
É um ato de libertação para todos que envolvidos se encontram na trama da vida.
É o banquete que Jesus nos ensinou a prover a todos os laços familiares. Refazer a jornada é benção e cumprimento da lei.
Caríssimos Irmãos, o deleite da corrigenda é o princípio do amor.
O Peregrino - Luz nos deu o melhor exemplo de jornada do amor.
Benefício comportamental concedido ao homem, o renovar-se nos princípios do Criador, as experiências são repassadas para as valiosas reflexões.
Estas páginas são as lições praticadas pelo nosso amigo José.

Elzazararamute

Apresentação

Neste segundo livro José continua seu aprofundamento em busca do aperfeiçoar o âmago do ser, percorrendo as experiências de sua vida, descritas em *Gotas de Luz na Flor de Laranjeira*, tanto do seu ponto de vista quanto dos vivenciados por aqueles que faziam parte de sua família na Terra.

José construiu, com os seus atos, o delírio profundo de fantasias ilusórias, percorreu a encarnação desafiando a lei divina e fazendo corações amados ficarem marcados pelo tempo desperdiçado que os levou a experimentar. Fez do exercício encarnatório a sua prisão, esquecendo do banquete ofertado por Jesus.

Belo mergulho na essência do ser, o autor tem a oportunidade sagrada de contemplar os seus atos terrenos, e as consequências destes atos, com os planos de aperfeiçoamento traçados antes de reencarnar.

Chocado com seu fracasso, José busca no Pai Maior as forças necessárias para o seu redimir, quando novamente estará no planeta Terra.

Auxiliado incessantemente pelos amigos de

jornada, muito dos quais havia prejudicado fortemente, José se fortalece na fé do grupo e no perdão incondicional a ele dado, vivenciando com louvor sua nova experiência na Terra.

Primeira parte da saga de sua vida, iniciada em *Gotas de Luz na Flor de Laranjeira*, esta obra enaltece a todos os leitores com a história de uma vida marcada por uma sucessão de erros e como o amor do Pai Maior, manifestado através de seus filhos, modifica todos aqueles que querem se aprofundar na busca da luz revelada pelo Cristo-Jesus.

Sumário

Primeira parte:
Introdução 13
Capítulo 1 17
Capítulo 2 25
Capítulo 3 37
Capítulo 4 51
Capítulo 5 57
Capítulo 6 63
Capítulo 7 75
Capítulo 8 83
Capítulo 9 91
Capítulo 10 97
Capítulo 11 105
Capítulo 12 113
Capítulo 13 119
Capítulo 14 127
Capítulo 15 137
Capítulo 16 143
Capítulo 17 151
Capítulo 18 159
Capítulo 19 167
Capítulo 20 173
Capítulo 21 179
Conclusão 185

Segunda parte:
Capitulo 1 187
Capitulo 2 199
Capitulo 3 205
Capitulo 4 215
Capitulo 5 221
Capitulo 6 228
Capitulo 7 241
Capitulo 8 249
Capitulo 9 255

Introdução

As páginas que se seguem são relatos de uma primavera no plano astral, onde recursos tecnológicos são utilizados para confortar os necessitados como eu que ainda, apesar de anos desprendido da matéria, necessito de aconchego mental para continuar a jornada da evolução.

Como o Pai Maior inspira a todos os comandos incansavelmente! Hoje Ele me dá o conforto de estar experimentando o meu envolvimento com os laços de amor através da ajuda de mecanismos tecnológicos.

Sim, leitor, para que a criança venha andar faz-se necessário o apoio dos pais para ampará-la e viabilizar os movimentos. Eu, José da Cunha, tive o direito, a permissão, de utilizar alguns aparelhos para sustentar a minha mente. Os mais desprendidos, que realizam os atos sem grande necessidade de apoio, não precisam desta tecnologia astral.

Como relatei, demoro mais e sou mais fraco, sempre necessitando de "colo".

O processo de retorno aos atos realizados, para

mim, foi dolorosa experiência, mas jamais estaria aqui hoje, a escrever, se mãos fraternas não tivessem me carregado em bençãos de amor.

Recobrar os sentidos e reconstruir a jornada foi o meu maior desafio.

Bendigo a todas as experiências e a todos os companheiros de luz tal como Dolorez, minha amada, pelo desprendimento e amor que cederam a mim, utilizando do próprio tempo, para o meu tempo.

Ao grande mestre Jesus, inquebrantável postura, somente agradecimentos eternos posso vivenciar.

E pela vivência, hoje, eu espírito em projeção ao aprimoramento, busco o trabalho ativo de despertar almas como a tua, Irmão, que hoje busca ler as páginas de um companheiro que aprendeu em duras caminhadas o que é amar.

Que este pequeno grande foco de luz que veio me conduzir para o aprimoramento seja a diretriz para o despertar dos Irmãos.

A família é o alicerce da evolução planetária, amem uns aos outros tal como o Peregrino nos ensinou. Se assim realizarem avançarão mais rápido na própria escalada íntima e ainda impulsionarão o planeta Terra, este planeta de amor, a ganhar luz, pois na atualidade ele grita por socorro.

Cuidem da casa íntima, estruturem o lar e evangelizem-se todos os dias, pois os segundos consagrados às coisas do Pai somente tendem a pacificar a todos.

Busquem o olhar de nossa mãe altíssima para contemplar a beleza da reencarnação e sigam a luz do Pai.

Paz!

José da Cunha.

Capítulo 1

O despertar de um novo dia

As instâncias da vida são como flashes sucessivos pois como arquivo de rolo nossa mente registra os campos sagrados da reencarnação concedida pelo Pai.

Na saudade estou dos belos momentos que pude desfrutar junto a Dolorez. Os momentos, somente podemos recordar quando arquivados no nosso cérebro íntimo. Como experimentei a suave melodia com Dolorez, encontro arquivos duradouros, pois sua brandura perfuma todo o ambiente microcósmico que existe em mim, sustentando-me no patamar das alegrias e auxiliando-me no fixar do eixo central do meu perispírito, pois ainda adensado estou. Este adensamento ocorre por ainda a mente estar sobrecarregada de energias não salutares, impedindo de avançar um degrau a mais na evolução íntima.

Estou neste momento a meditar no canteiro de Josias, o canteiro da renovação. Procuro mantê-lo como assim foi projetado, pois, com o que nos é transferido para ser cuidado, temos que pelo menos assegurar ser tal qual nos foi confiado. Jesus nos ensinou que os talentos a nós confiados devem se multiplicar, e sinto-me como um guardião de um terreno que até então está em alta produção de harmonia e amor, pois exala segurança, caridade e bondade. Eu, da minha parte, tenho que pelo menos não interferir nesta harmoniosa edificação que Josias realizou; sinto-me muito feliz, pois arrisquei contribuir nesta harmonia e plantei algumas mudas de begônias cultivadas no laboratório do Dr. Inácio que Ernestina trouxe (lembram aquela abnegada Irmã que me auxiliou, e eu, por incompetência, quando encarnado, não soube cuidar e furão[1] cuidou dela por mim, a Conceição, pois ela mesma continua fiel companheira). Quis homenagear o Sr. Pedro, pois não consigo libertar a minha mente daquela cena a qual vocês partilharam da lembrança, a cena que ele, Pedro, angustiado pela febre de Dolorez, vai ao fundo da casa e ora ao Pai da Criação. Quando retorna cambaleante, esbarra na florada na qual estavam as begônias que circundavam a casa de Dolorez e as pétalas vão ao chão. Estas pétalas hoje representam, para mim, os anos roubados de Dolorez pelas minhas mãos.

Bem, hoje vejo a expressão da vida brotando e começo daqui a recordar cada semente depositada no útero da minha amada, plantei três e dei-lhes os nomes: José da Cunha Filho, Maria Joana e

---

[1] Na obra *Gotas de luz na flor de laranjeira* relata sobre furão. Um rato que comia a refeição de Conceição.

Carlinhos, nomes anônimos. No planeta Terra, aqueles que não sobressaem em manchetes são os filhos que só o vento registra, eu os também registrei como uma suave brisa que deixei ficar até o momento que me senti sufocar pela responsabilidade e decidi transferir para um espaço bem longínquo, por orgulho, o que me cabia como tutor. Peço que a luz do Pai cubra cada begônia gerada por Dolorez, pois o reflexo dos meus filhos me auxiliou nesta escalada sublime de amor. Obrigado meus filhos. Sei que hoje posso retornar no tempo, porque vocês também assim permitiram.

Envolto estava em meus pensamentos quando senti a vibração de Pat, singelo apelido, pois é assim que minha amiga Patrícia gosta de ser chamada, até a ela devo, pois, se vocês se recordam, utilizei-me do momento negação mental[2] dela e abusei dos sentidos da mesma para poder sair daquele buraco ao qual fomos cair nas mãos dos credores. Vim a ter conhecimento que ela foi resgatada por Horácio também por intervenção de mamãe que a parentes da Pat se ajuntou e reforçaram em prece pela sua libertação. Após este auxílio mamãe ganhou mais alia-

---

[1] Negação mental: bloqueio defensivo mental, temporário, de determinada situação.

dos do bem que fortificaram a coluna vibratória e conseguiram atingir o meu núcleo central e intensificar a minha vontade de libertação. É maravilhoso o caminhar daqueles que já propuseram seguir os ensinamentos do Cristo - Jesus, obrigado Pat.

Bem, começamos o nosso diálogo:

- Bom dia, José da Cunha! Como está?

- Estou bem. Olha, as begônias já começam brotar. Quando elas já tiverem bem repolhudas e floridas oferecerei a minha amada. Sinto tanta falta dela! Tenho tentado, através da benção do trabalho e a consagração dos estudos, envolver a minha mente. Fabrício já me orientou quanto as ondas mentais e como podemos atingir o outro ainda, não é? Procuro elevar o padrão mental sempre que me encontro angustiado.

- Bem, voltemos a falar um pouco da pesquisa. José, teve tempo de ir a biblioteca e pesquisar sobre as Bem Aventuranças ou ficou buscando arquivos da famosa faixa ocidental da Península Ibérica, ou melhor, Portugal?

- Não consigo me afastar dela, gostaria de ter notícias dos meninos.

- Bem-aventurados os aflitos, pois serão consolados, não é, José? Nada ou momento algum surge no caminho do aprendiz fora de hora. Vamos, chega de blá-blá-blá e vamos trabalhar, temos só mais

um dia para falar sobre o que aprendemos.
- Patrícia, já observou que se faz necessário compreender bem a lei aqui?
- Sim, já. Vamos.

Sentados agora na enorme biblioteca nos encontramos. O sentimento volta a me incomodar, desviando a minha atenção, ou melhor, a minha concentração nos estudos. Procurei fazer o exercício mental que Horácio me ensinou a fazer: "Todas as vezes que dispersar o pensamento, faça uma oração e busque respirar imaginando a luz do Pai invadir o cérebro". Estas foram as palavras do Irmão, tentei por três vezes até que comecei a dominar. O enfermeiro que nos acompanha, que é o Antônio Carlos, em silêncio permanece, quando observa que fugimos em pensamento. Quando buscamos nos alinhar, ele imediatamente exercita junto a nós abastecendo-nos assim de força (lembram-se dele, o enfermeiro do bem que me acompanha desde o primeiro contato com o Fabrício, é ele o enfermeiro do Cristo).

Oh Pai de bondade infinita! Como podemos classificar tamanho desprendimento dos Irmãos. Como podemos nos equiparar se ainda nos deixamos envolver mentalmente em questões de baixas vibrações, de padrão não elevado. Quanto terei que trabalhar para ressarcir os meus débitos. Pai de clemência maior, faz de mim a Tua força, pois preciso conhecer a verdade para em novos rumos me direcionar.

OBRIGADO PELA VIDA!

JOSÉ.

Capítulo 2

O despertar de um novo dia

Às vezes me deparo com as singelas poesias do Criador que nos encanta a vida nos dando, como benção sagrada, a consagração dos momentos fecundos de Jesus: a fecundidade permitida por aquele que germina incansavelmente pela criação.

Dentro de uma perfeita cadeia de emanadores de energia - informação nos encontramos, pois como membros integrantes do quadrante universal, estamos também constantemente emitindo ondas constituídas de forças energéticas que constroem ou destroem o contexto vida planetária ou extraplanetária. Se já tivéssemos a capacidade de integração com a força cósmica criadora, respeitaríamos mais a vida a nós concedida, pois um pensamento é fonte de energia e o que fazemos desta energia cedida ao homem que traz o livre arbítrio nas ações? Pois em todas as moradas do Pai existe o reflexo da luz que flameja D'ele, o Criador, porque Ele, na realidade, sustenta a vida e a vibração. E a vibração é o maior ducto condutor de força motriz em perfeita sustentação de corrente-luz que até no momento podemos sentir. Este sentimento é nada mais que a sensibilidade que cada ser traz dentro do âmago do ponto central da vida.

Quando pudermos compreender que todos estamos interligados pelas vibrações, sentiremos (somente) prazer como demonstram os Irmãos de maior luz, ofertando- nos força através dos exemplos e mensagens de bom ânimo.

Se observarmos as paredes íntimas do ser, veremos que é a fração luz-pensamento que abrange e expande o ser, unificando com a luz-padrão ambiente, e que desta reestruturação, o veículo condensa a ligação com o equilíbrio luz-Pai. Foi o que o Mestre fez incansavelmente, esta interligação, vibracionou o pensamento-vida constantemente nas coisas do Pai, não deixou sequer um momento o pensamento terreno ocupar a mente física; sábio por domínio administrou com sapiência os momentos vivenciados no plano Terra.

Mas nós ainda teimamos e colocamo-nos, descompensados, diante da luz íntima como se fôssemos holofotes, negando assim a filtragem para o corpo externo, obstruindo os níveis de interligação com os nossos auxiliares, os quais não encontram caminho, ou melhor, substância adequada para o auxílio salutar e não realizam assim a grande tarefa da conexão com o Pai na totalidade. Mas o Pai, por misericórdia, permite o auxílio possível aos Irmãos necessitados, para refletirem em seus sensores íntimos e realizarem a ponte sagrada do abeiramento do sustentar o que foi plasmado por nós mesmos.

Assim comecei a interpretar o que nos foi pedido sobre o sermão da montanha. Através das minhas meditações, pude me ver no sopé do monte retrabalhando os ensinamentos do iluminado Cristo - Jesus.

Horácio, olhando dentro dos meus olhos por alguns instantes, falou:

- Meu amado Irmão! Que belo aprofundamento atingiste, agora é só por em prática.

Quando colocou estas simples palavras me senti engolindo por mim mesmo, pois senti naquela hora que os amigos conduziram-me aos primeiros passos e deixaram-me descobrir os outros, me tornando assim autônomo nas direções tomadas daqui por diante. Pedi um tempo para poder entender, praticar e estender a luz que eu mesmo havia sugerido a mim mesmo, porque o Mestre dos Mestres nos ensinou, em magnífica postura de determinação e amor, que o plantio seguro de um bem estar mental é inviolável, e é este sem dúvida o que eu quero, daqui por diante, exercer. Bem o sei que poderei fraquejar por ainda trazer dentro do pensamento-espírito o desequilíbrio, mas já se faz tempo e não posso mais retroagir.

Mergulhar dentro de mim por três dias foi totalmente respeitado, seria o meu isolamento para reflexão, e tempo para compreensão.

Pedi permissão para ficar em companhia de um Irmão que trazia todo o conhecimento que queria alçar e, além deste conhecimento espiritual, a bagagem mais importante que era o registro e o caminho para que eu pudesse atingir a meta almejada. Estava convicto que a aprendizagem se faz dia após dia, que é nada mais que o remédio salutar que o Cristo assim registrou em sua passagem pelo plano Terra.

O nosso apóstolo Paulo nos ensinou em Coríntios I - 3 – 23: "Vós sois de Cristo, e Cristo é de Deus." Já bem o sabemos que o caminho, a verdade e a vida são os ensinamentos que trouxe o Cristo – Jesus, e que só atingiremos o Pai através do Filho, pois se nos moldarmos nesta doutrina de amor estaremos ingerindo o remédio salutar que Cristo espargiu pelo planeta Terra e que ressoa nas moradas do nosso Pai!

Houve uma integração uniforme de pensamentos de todos os Irmãos dando-me amplitude de vibração para que eu pudesse me encontrar com aquele Irmão, o qual seria a ponte de amor para atingir os meus filhos. Lembram, o padre Agenor, ele mesmo, aquele homem que nos acompanhou na reencarnação anterior [3] e que, por assim dizer, seria

---

[3] Leia o livro *"Gotas de luz na flor de laranjeira"* do mesmo autor.

o interlocutor de nossas vidas. Estaria com ele pois ele seria o caminho, o veículo, a mente para eu também aproximar-me de Dolorez. Por benevolência, Agenor não recusou em estar comigo nesta jornada de conquista de reajuste que eu teria como compromisso seguir, pois a tarefa comigo mesmo e com o Criador estava aumentando devido a tanta falta de amor e caridade no caminho das minhas reencarnações. Então foi me concedido tomar conhecimento bem aprofundado das experiências, porque teria que acertar desta vez ou, então, experimentar em outras paisagens do Pai.

Deparei-me na casa de Agenor, é casa mesmo que por mérito de trabalhos sucessivos ele próprio plasmou e uniformizou com o tempo - hora - conquista de amor ao próximo, simples exercício que todos nós já podíamos executar, mas que o orgulho nos impede de exercer. O padre que por falta de conhecimento da minha parte o julguei por usar saia, hoje utiliza da mesma com amor na minha energia. Como damos importância, quando encarnados, às vestimentas externas e esquecemos da vestimenta íntima! Talvez se eu tivesse utilizado da humildade, teria visto que a saia de Agenor seria a cobertura e o clarear da minha mente. Por me julgar superior, fiquei nas entranhas da alma intranqüila que ainda busca o alento para obter forças e caminhar sozinho, como todos os que me auxiliam fazem aqui.

Chegamos ao lar de Agenor, um casebre simples mas bem acolhedor e de uma suavidade incomparável, aquele espaço no qual chegamos e sentimos vontade de permanecer ali por um longo período. O perfume que exalava das flores silvestres era embriagador, me fez recordar do campo que mamãe gostava de caminhar quando assim podia. Para nós, aquele lar denominamos lar - família - luz.

Horácio me conduziu e me deixou a sós com o Agenor. Senti outra vez a falsa timidez invadir o meu ser quando pude ver Agenor de lado, sentado em uma confortável cadeira de tricê (por falta de palavras denomino a cadeira assim). Havia uma enorme almofada que nos causava a ligeira impressão de conforto e bem estar, mas logo em seguida vi que o conforto e o bem estar estavam na mente de quem trabalhou e trabalha na edificação do amor. Aí me senti muito menor diante dele.

Agenor sentiu a minha vibração de desconforto e disse, ainda de lado:

- Venha, menino José! Sente-se aqui do meu lado, temos tanto a conversar, não é?

Bem, por incrível que pareça, eu gaguejei e comecei a ter taquicardia. Não deixei a emoção dominar, pois agora, após 12 anos de estudos doutrinários e trabalho, já sei realizar a autodisciplina da respiração nestas situações.

Sentei-me bem perto dele, a vontade era de abraçá-lo, como se através dele tocasse a minha amada, pois sabia a ternura que ele trazia no âmago do ser por Dolorez. Chorei, chorei por meia hora. Horácio, em vibração, ficou orando por mim como verdadeiro escudeiro do Cristo até me recompor.

Posso agora repassar aquela belíssima prece de Agenor refletida ao alto para o equilíbrio daquele que estagiava em baixo das emoções mal trabalhadas:

Pai nosso que está nos comandos sagrados da organização da vida, conceda, neste momento de reencontro, o conforto de nossas almas, pois estamos nos sentindo um pouco deslocados com tanta benevolência que emana de Ti.

Consagre, Pai de ternura, a Tua luz e que a Vossa força possa atingir e unir a todos que, neste momento de emoção, estão envolvidos. Suavize, Pai, o nosso caminho para refletirmos sobre o sabor da brisa que o Cristo – Jesus, Seu filho, deixou como rastro de redenção.

Que assim seja.

Senti força e pude recostar no ombro amigo de Agenor, senti a vibração de Horácio afastando, seguindo em tarefas, como já relatei, em outras moradas de nosso Pai. Senti outra vez cansaço, perdi energia e precisava me recompor. Agenor falou:

- Feche os olhos, querido José, só me escute e se envolva neste momento. Vim de uma origem portuguesa como bem o sabes não é. Segui os preceitos que a Igreja me impôs, sofri naquele momento por não compreender, quando encarnado, que viera ao mundo para desempenhar o melhor papel de obediência sem revolta com os superiores. Por não saber lidar bem com esta circunstância, sofri porque pressionei as minhas energias e perdi também momentos vidas pois registrei, no perispírito, a angústia de ter que obedecer às cegas, ou melhor, sem poder rebelar contra as estruturas formadas. Sofri com a colocação do cardeal que deveria seguir para o Brasil, teria que largar toda a minha família. Você bem sabe a dor, então podemos compartilhar agora a dor.

Bem, naquela época eu, menino recém ordenado, seguindo rumo ao desconhecido, seguiria os passos dos ancestrais e sofreria a minha própria angústia. Não tinha noção do que iria encontrar, mas tinha a verdadeira noção dos conflitos internos e externos que Portugal passava, queda e ascensão, revolução e guerrilhas.

Hoje vejo que o homem experimenta em níveis maiores o que experimentou em níveis menores. Bem, eu com as minhas saias segui o rumo aonde os rumores eram que precisaria exercer da força da cruz e da imposição na construção sólida da Igreja Católica.

Saí convicto que deveria chegar ao Brasil tal qual Jesus chegou a Jerusalém, deveria levar a palavra de Deus e colocar em prática tudo o que aprendera na escola acadêmica, a escolástica do Clero. Senti todos os abalos do medo por muito tempo até que me adaptei com os poucos recursos que deparei na frente da vida que o cardeal havia me imposto. Mal sabia eu que eu mesmo havia pedido esta experiência para ressarcir débitos do passado.

Em Portugal, contávamos com certas regalias e a realidade ao qual me vi era de dificuldades e de construções. E assim comecei a minha escalada como padre no Brasil.

Capítulo 3

O despertar de um novo dia

    - Olhe, leitor, o firmamento! Seríamos capazes de contar quantas estrelas, pontos luminosos sobrecarregados de informações perfeitas de atividade luz a iluminar os olhos e corações dos eternos apaixonados pela vida? Não seria pretensão do mesmo jeito contarmos quantos neurônios que estagiam nos nossos cérebros mandando informações constantes uns para os outros? Assim são as estrelas, elas emitem vibrações constantes a uma distância-tempo incalculável, e esta codificação solidifica a estrutura da arqueadura simbólica de uma galáxia que tem como corpo-vida o facho de sustentação dos planetas, pois se organiza continuamente como os nossos corpos também se organizam.

    Já imaginaste, querido Irmão, como a composição das células do corpo completa a harmonia dos movimentos cíclicos do seu corpo físico sendo reflexos do seu perispírito e do perispírito do seu espírito[4]?

    E esta organização dando complementação

---

[3] Unindo-se ao corpo, o Espírito não se identifica com a matéria. A matéria é apenas o envoltório do Espírito, como a roupa é o envoltório do corpo. É necessário uma ligação, e esta ligação é feita pelo espírito, que se liga ao corpo (perispírito do corpo) e ao espírito (perispírito do espírito).

para o seu Eu Superior, é o mesmo que buscarmos a 5ª sinfonia de Beethoven e delinear nas pautas a estrutura da pauta harmônica e da pauta harmônica o corpo-música. Consegue-se identificar a seqüência perfeita de uma criação com a ajuda do criador. José, se buscar interligar a nossa existência como seqüência de um nascer - viver, dependendo do renascer para experimentar o nascer de novo, colocaríamos esta sagrada prática todos os dias da nossa vida. Porque a vida é nada mais que o presente contínuo das ações passadas que refletirão no futuro o nosso experimentar.

Jesus, divino amigo, centrado em plenitude nos demonstrou com todas as forças cíclicas que o aqui e o agora é o presente maior dado pelo Criador, e nós nada mais fazemos do que anular este momento, remoer tensões do passado e preocupar com ações futuras.

Se buscarmos os grandes filósofos[5] que estagiaram no plano Terra, nos depararemos com Dante que delineou a perfeita arqueadura do homem não presente no âmago da existência, pois submergiu nas profundezas da alma coletiva e retirou, em amplidão, todos os sete estágios do embrionário ser

---

[5] Os sete estágios embrionários do ser humano foram codificados por Santo Tomás de Aquino, (1225 - 1274), aparecendo também na versão de Dante em sua "Divina Comédia". Observe que o autor espiritual adiciona a corrupção como um oitavo estágio.

humano. Recolheu dados suficientes para explicitar todos os movimentos do homem quando encarnado e pós-encarnado, num reflexo extraordinário de ações planejadas e plantadas, é o verdadeiro plantar e colher, ação e reação. Pois bem, o homem estagiário na ganância permanecerá até o momento em que buscar, por ele mesmo, a libertação, o mesmo acontecendo com a luxúria, a preguiça, a inveja, a soberba, a avareza, a ira, a gula e a corrupção (e esta última é o adulterar em todos os sentidos corrompendo o privilégio da encarnação), pois aquele que não reparte com o Irmão estagiará na faixa da usura. Por isso, se buscarmos trabalhar esta rítmica, compreenderemos que todos segundos são fecundos e, depois, receberemos os reflexos das sementes lançadas no solo da alma.

Por que será que ainda não nos baseamos nas palavras do Cristo - Jesus que nos instruiu sob as linhas sagradas do desenvolver hoje? Por que ainda sentimos prazer em degustar o sabor amargo das próprias ações? Por que negamos com veemência a existência como que esnobando a bondade divina? Será que o Pai nos dará ainda oportunidade - tempo de nos arrependermos e voltarmos como filhos pródigos?[6]

---

[6] José exprime todo o seu medo neste questionamento, quando duvida de sua capacidade de conquistar o perdão próprio e o do Pai.

Estagiamos as mentes e ressecamos o cérebro perispiritual, deixando-o a mercê da nossa vontade inferior impulsionada sem recursos de comandos superiores. E sofremos a pena de Talião, pois o que fazemos registramos e o que é registrado é, por lei, trabalhado. Estamos aqui experimentando os sadios minutos permitidos pelos nossos orientadores.

- Pelo sagrado amor, ponderou Agenor, podemos interligar nossas mentes e criarmos tempo para este tempo. Sei dos seus propósitos e porque me procurou, mas, José, tem certeza de que está pronto para este relato? Tem certeza que poderá vivenciar todos os momentos até então não vivenciados, com base no canal de outros companheiros, para que possa presenciar as cenas mais fortes da infância, adolescência e do amadurecer de seus filhos sem se deixar influenciar pelo o que já passara? Tem certeza de que está com bastante fôlego para sacudir esta poeira impregnada no seu perispírito e no registro peculiar de cada um deles? Pense nisso, José! Não quero resposta agora, pois resposta para o nível desta pesquisa tem que ser certeira, não poderemos falhar, desequilibrar ou danificar nenhum dos nossos sentidos já estruturados, porque o Pai, através de Jesus, nos ensinou que deveríamos edificar a nossa casa íntima em terreno sólido e você já solidificou, em parte, a sua estrutura. Devemos por conhecimento assegurar o campo do sentimento neutro para não ruirmos a sua edificação, pois no momento que adentramos no seu terreno íntimo tornamos também cooperadores do seu desenvolvimento e também teremos partilha no desenrolar das ações.

Amar é libertar. Está pronto para libertar-se e desenvolver o amor? Faça, José, a sua reflexão, pois o Pai misericordioso nos sustenta em todos minutos abrandando os nossos sentidos. Peça o abrandamento por esta noite, e amanhã, se estiver pronto, começaremos bem cedo para não perdermos sequer um segundo.

Pai de misericórdia, envie os fluidos benéficos a todos os filhos que almejam experimentar a candura da sua luz. Aqueça os corações, pois ainda nos sentimos aprisionados nas angústias próprias.

Liberta nossas mentes para que tenhamos suficiente espaço para arquivarmos com disciplina a cura sagrada do recomeçar, e por tudo isto, Pai Maior, OBRIGADO!

Na manhã seguinte...
- Como está hoje, José da Cunha? Vamos despertar! A lei aqui é estar de pé por volta das quatro horas e trinta minutos[7], pois antes dos raios sagrados da renovação precisamos estar aptos a recebê-

los em total interagimento consciencial, pois temos a capacidade de absorção se estamos em total equilíbrio de saúde mental ativa, e aqui não perdemos tempo para buscar este equilíbrio em todos os momentos.

Respire bem profundamente, mas não leve consigo a preocupação. Conceda ao seu corpo mente a condição do total envolvimento deste momento pois só podemos ocupar o espaço a nós concedido na totalidade quando assim queremos, e por vezes teimamos e queremos, além de ocuparmos o nosso espaço, ocupar também o do Irmão. E quando assim agimos, e geralmente por egoísmo, nos tornamos cansados por carregarmos além de nossas forças o que não nos pertence, com isto perdemos um tempo precioso, porque ainda não desenvolvemos com sabedoria a nossa função e desejamos sempre a função do Irmão por julgar que a função dele é melhor ou que o Irmão não é capaz de exercer o papel dele. Por não buscarmos a palavra sagrada do Cristo não nos evangelizamos e nos perdemos, é só buscar a passagem na qual o pai pede aos filhos que levem as devidas encomendas ao rei e direciona o que cada um era capaz de carregar [8]. Ao primeiro pede que leve o jarro; ao segundo a corsa e ao terceiro, o bolo, mas pelo caminho se preocupam um com

---

[7] Nesta etapa José ainda necessita dos parâmetros tempo Terra.

outro e a corsa é conduzida em direção errada e esbarra naquele que carrega o bolo e este, por sua vez, para não deixar cair o bolo, se desequilibra e esbarra no que carregava o jarro. Os três ao chão se encontram com o jarro quebrado, o bolo danificado e a corsa extraviada. Se cada qual tivesse somente cuidado do que lhe foi pedido, não teriam perdido a jornada, mas por querelas inúteis terão que voltar e percorrer a mesma jornada.

Nós, por nós mesmos, somos mal trabalhados para sermos dominadores e por tanto exercitar este condicionamento não nos damos direito de realizarmos com simplicidade o nosso maior domínio que não é outro senão o momento o qual estamos experimentando. Por agirmos incansavelmente em busca de domínios, perdemos a oportunidade de até conhecer a nossa própria respiração e a respiração é de fundamental importância para o equilíbrio íntimo, pois é ela que comanda a oxigenação do nosso cérebro, nos dando assim as coordenadas para organizarmos os impulsos, impulsos estes que são os registros da nossa existência os quais elevam o espírito ou o deixam estagnado em vivência mal respira-

---

[8] *Jesus nao lar*, capítulo 36. Francisco Cândido Xavier pelo espírito Neio Lucius.

da. Se somos íons, moléculas, átomos e DNA conjugado com RNA, somos puramente energias pulsantes que vibracionam na respiração. É só observar a natureza, quando adentramos em mata condensada, fechada aonde o homem não destruiu, observamos que ela continua séculos e séculos renovando sem maiores conseqüências. Mas quando o homem, em nome do progresso, reestrutura ao bel prazer (que é também necessário, mas nós ainda não sabemos nos posicionar neste progresso e nos perdemos por almejar o ouro perecível) danificamos o que de mais sagrado é: a vida. Perdemos grandes áreas e formamos o desequilíbrio, ressecamos a vida planetária que nada mais é que nós mesmos.

Se já no despertar pela manhã, engolimos o ar na suposta correria por não termos sido bastante vigilantes com o tempo que nos cerca, já começamos a sagrada tarefa do dia descompensados. E estes primeiros momentos são de fundamental importância para a saúde mental, é o alimento sagrado que o Pai oferece a todos sem pedir nada em troca, pois o Pai não pede nada, Ele é a pura essência do amor, nos oferece a vida, nos direciona em plenitude através dos exemplos registrados por cada um de nós, e por precisarmos recobrar os sentidos que coabitam dentro de nós veio o Cristo – Jesus para acalentar, amortecer e exemplificar a pura essência de amor que carregamos. É belo, e bom seria que viéssemos praticar na forma que já possuímos. Mas como nós temos o livre – arbítrio abusamos e nos deixamos perder a trilha que é oferecida e que é somente a perfeita harmonia.

Bem, depois falaremos mais de como comandar os nossos corpos sem agredir esta perfeita estrutura cedida pelo Pai.

Respire profundamente, mas deixando a mente livre, comece a mentalizar o Cristo, pois ele está próximo e nos dá maior segurança de envolvimento maior, é o aconchego para que possamos sentir que estamos fortalecidos por uma alma de teor elevadíssimo. Enquanto nos falta a força íntima de nos sentirmos ligados ao Criador nos ligamos ou conectamos àquele que está experimentando a unidade com o Pai. Sendo Ele esta unidade codificada (pólo) tem dentro do código toda a simetria de valores saudáveis de sustentação e nos dá, neste momento, o código de que necessitamos. Respire, respire e respire.

Agradecer é o passo seguinte. Quando agradecemos o dia, mandamos informações benéficas aos nossos sentidos de gratidão e começamos assim a trabalhar o desprendimento do egoísmo que ainda carregamos. Depois de agradecer, José, nós nos oferecemos para o sagrado labor na seara do filho. Agindo assim também começamos a codificar a humildade pois Ele, o Mestre, nos mostrou este ato de humildade curvando-se diante dos apóstolos e lhes lavando os pés, dando-nos o maior exemplo, e temos já registrado que Ele não precisava de exercer humildade por já ser a humildade, mas assim mesmo fez do Seu grupo alma o nosso grupo alma e demonstrou que o caminho é o princípio conjugado com a verdade; pois só os cheios de graça espiritual trazem consigo a magnitude do momento em que efetuam a ação.

- Como pode trazer tanto conhecimento assim, Agenor, se me permite lhe chamar assim?

- Como já lhe disse José, o conhecimento ainda estamos adquirindo. Apenas observo e medito e o Pai de bondade maior me conduz. Os livros são fontes sagradas para que venhamos nos permitir abrir nossos canais receptores e assim recebermos através da letra a diretriz de quem por ali já passou ou experimentou.

Como, José, os médicos na Terra hoje poderiam diagnosticar um campo genético com falhas na codificação se não houvesse passado pela Terra homens como Darwin e Mendel, trazendo para o homem a origem do próprio homem? Só caminhamos se observamos, estudamos e discernimos; como somos campos necessitados dos saltos de evolução, caminhamos de uma maneira ou de outra, ou vamos pela dor ou pelo amor.

As bolhas que conseguem trabalhar com precisão na panela de pressão se escoam pelas fendas e sobem, não é? Aquelas que não admitem o trabalho ficam presas nas laterais e acumulam ali. Outras e outras se agrupam até darem a condição da transformação de novo em gotas d'águas que terão outra oportunidade para a libertação em outra etapa de experiência.

Bem, José chega de conversa e vamos ao que nos interessa. Está pronto para buscar a fenda da libertação ou quer esperar por outra oportunidade?

- Estou decidido, quero que me conte tudo que for possível e que não me oculte nada.

Capítulo 4

O despertar de um novo dia

Começamos a caminhar e comecei a sentir o meu corpo também mais leve. Era uma sensação de conforto por estar do lado de um verdadeiro mestre de paciência inigualável.

- José, para que venhamos compreender bem o que os seus filhos assim registraram, quero que fique bem claro para você que alguns Irmãos deverão entrar na nossa conversa por estes três dias. Mas só entrarão quando eu assim chamá-los com a sua autorização, está certo?

- Sim, está.

- Bem, José, nasci em Lisboa, como se diz, terra boa, sim, porque nenhuma terra é má, pois todos passam pela evolução sagrada e nós fazemos parte desta evolução coletiva. Na minha juventude podia escolher, ou melhor, podia obedecer, pois, meus pais eram pessoas duras e não permitiam que lhes quebrassem as regras. Então, bem jovem fui ingressado ao colégio interno, pois boa coisa era ser formado no cunho católico.

Permaneci por dez anos de minha vida neste internato. Lá ficávamos no alto dos montes, pois era assim construído, para que pudéssemos compreender quem que governava e quem estava por cima. E assim nos foi ensinado, pois Jesus subiu para falar aos discípulos, e esta subida íntima foi interpretada como sendo de demonstração de superioridade, e dentro da consciência que hoje carrego sei que Jesus subiu, sim, mas subiu em padrão vibratório de amor e compaixão e nós subimos por orgulho e egoísmo e assim nós, os candidatos ao apostolado, teríamos que acostumar desde cedo que o comando vem de cima, dos superiores. Havia a masmorra, o local onde éramos direcionados para uma reflexão mais profunda quando não éramos capazes de seguir a lei do parco. Mas havia também o púlpito de maior satisfação, satisfação esta que, aos olhos dos fiéis, sentíamos: os aplausos mesmos sem serem demonstrados através dos atos, como somos imperfeitos, não é, José!

Já naquela época achava tudo uma besteira grande, pois se o sentimento está dentro de cada um, como poderíamos transferir para o corpo o que a mente não trazia. Às vezes, era necessário flagelar o corpo para que a alma ressentisse. Bem, se alma ressentia eu não sei, mas que o corpo denso sofria, ah!, este sim sofria. Sabe, José, é o mesmo que ter conhecimento da vida e do porque da vida e procurarmos caminhar por caminhos errados e depois buscarmos, através da autopunição, a corrigenda e esquecermos que a corrigenda se faz pela sublimação dos pensamentos, atos e posturas. Não é mesmo, José, pois o Cristo-Jesus assim caminhou e nós procuramos caminhar através da satisfação puramente íntima, esquecendo que a maior satisfação é servir sem olhar a quem.

O despertar de um novo dia

Bem, já passou e aprendizados ficaram. E no mais, já vivenciei estes momentos, posso agora, José, comandar a minha vida melhor sem precisar flagelar o meu corpo e sim direcionar os meus sentidos nas palavras do Cristo-Jesus.

Vamos trazer para você um quadro de Lisboa para que retome a lembrança das vezes que esteve lá. Cidade progressista, após vários conflitos internos e externos... Às vezes julgamos que os conflitos de um país não nos atingem por não fazermos parte diretamente do contexto político de uma nação e por engano julgamos que só os que comandam são os responsáveis por questões nacionais e esquecemos que, como células, nós também estamos participando do corpo nação e que se usássemos melhor a nossa mente ajudaríamos aqueles que por missão trazem o governo das grandes nações.

Bem, Portugal caminha progressista. Já se podia deliciar os olhos com a arte e arquitetura bem definida. Tínhamos já a câmara municipal de Lisboa em grande atividade aonde o vai e vem das pessoas atuantes acontecia e, de vez em quando, o escândalo acontecia como em todos os lugares acontece. Jesus nos ensinou que necessário é que venha o escândalo, não é José, mais aí daquele que provocar o escândalo. Mas, enquanto for necessário, o escândalo acontecerá e acontece, José, por ainda querermos ver o afundar dos Irmãos, e afundar geralmente diz respeito ao tempo encarnatório que repercute após o desenlace, pois, se estamos acostumados a projetar idéias de derrotas, partimos fixados e imantados por nós mesmos e continuamos a perseguir os Irmãos e nos tornamos assim algozes de nós menos no tempo que o Pai nos oferece, destruindo o sagrado amor que habita dentro de nós.

Podemos e temos por obrigação, por já conhecermos a lei, orar para abrandar o escândalo que carregamos e dos Irmãos também. Oramos pelos Irmãos, mas, se eles não quiserem, não devemos nos sentir culpados pois Jesus nos orientou que fizéssemos a nossa parte que o Pai faria a dele. Que o Pai faz já temos prova suficiente, mas não fazemos a nossa em total altruísmo, pois sabemos que Jesus não cessa sequer um segundo de orar por nós, e nós continuamos a cair , cair...

Voltemos. Já podíamos também nos deliciarmos com a bela arquitetura do teatro de D. Maria e o circo dos recreios. A arte, José, bem direcionada enriquece o homem, mas o homem se perde na luxúria e destrói a si mesmo.

Capítulo 5

O despertar de um novo dia

José, me encontro agora no Brasil, terra fértil e de uma riqueza incontestável. Posso avistar o arraialzinho, pois, para mim, naquele momento, ele era pequeno diante do desenvolvimento que a Europa já havia conquistado em todos os parâmetros; o homem começa a corromper os seus sentidos quando começa a buscar ter mais e mais, você bem o sabe, não amigo?

Bem, cheguei na matriz. Chamo-a assim, pois é o ponto central de todas as pessoas que buscam a palavra de Deus. Logo quando cheguei um jovem casal me recebeu: Joana e Pedro, jovens recém-casados com toda perspectiva de transformar o lugarejo em prosperidade. Ela, descendente de português com ramificação alemã, vinha de família tradicionalista que trazia uma posição social melhor. Os pais dela, por reconhecerem a bondade de Pedro, permitiram a união dos dois. Muito prendada e bem educada, ao mesmo tempo trazia a simplicidade de uma flor na pureza de uma andorinha. Bela jovem, logo virou o meu braço direito na comunidade.

José, a sua mãe também, quando solteira, trazia uma vida bem estruturada, e seu pai era dono de um terreno, aquele mesmo o qual você conheceu. Era plantador, pois aprendera dos seus ancestrais cultivar a terra e colher os bons frutos da mesma. Ele até possuía com fartura pelo momento em que experimentou a vida, não aprendeu a ler pois julgava desnecessário e dizia: "O homem que trabalha com a terra tem que dominar a terra e isto lhe basta", e assim caminhou. Jogava muito e gastava ao mesmo tempo com bebidas e mulheres. Começou a apostar pedaços da terra que possuía até que ficou reduzido a um terreno mínimo. Alojou-se no início da vida no casebre que o terreno oferecia e nunca pensou em melhorar a situação da moradia. Com o passar do tempo ali virou o lugar mais pobre aonde os mais pobres empregados dos senhores alojavam as suas casas sem nenhum recurso sanitário, ou melhor, condição de vida. A sua mãe, abnegada mulher, nada reclamava enquanto a saúde era benéfica. Sabia que o papel da boa esposa era de acompanhar o esposo até o fim, e assim ela o fez.

A sua tia Almeida conseguiu, através do decurso da vida, encontrar com um filho de um marquês que ficou envolvido emocionalmente com ela e desposou-a, dando-lhe condições de vida de uma verdadeira rainha. Um homem bom que prezava a família como um tesouro raro, e assim teve Almeida condições de deliciar-se dos envolvimentos da corte.

Apesar de trazer um coração bom, se deliciava

com o poder e usufruía da melhor maneira que assim julgava, até uma queda em uma cavalgada que lhe tornou estéril.

Pouco envolvimento ela tinha com vocês, mas as mucamas sempre que podiam, obedecendo às ordens dela, levavam guloseimas até a sua casa, traziam e levavam notícias, pois o tempo com a corte privava a tia Almeida de compartilhar com sua mãe e vocês. Mas o tempo passou e encarregou de construir as peças do grande quebra cabeça que agora estamos envolvidos.

Tive a oportunidade de encontrar com vocês por necessidade de construir laços maiores que mais para frente relataremos.

Bem, vamos respirar um pouco e meditar na arqueadura perfeita do dia. Olhe somente e deixe se envolver com esta suave brisa. Acompanhe-me, José em pensamento:

Oh! Pai, conceda-nos os momentos benéficos de reencontro dos desencontros acometidos. Pelos não entendimentos de palavras, perdemos a grandeza da perfeita harmonia cedida a cada um de nós, nos deixamos interagir nas fraquezas e quedamos por ainda não sermos capazes de solidificar as nossas paredes íntimas.

Mas o Criador é paciente e benevolente com a

criação e nos concede outros encontros para que possamos fazer deles consagramentos de melhores dias. Que venhamos utilizar do exemplo solidificado do Cristo-Jesus e amar a cada um como se fosse o último dia de oportunidade a nós concedido.
QUE ASSIM SEJA!

Capítulo 6

O despertar de um novo dia

- José, Lisboa, terra que como qualquer terra prospera, também prosperou. No início, o desenvolvimento era menor, nos possibilitava visões belíssimas do famoso Rio do Tejo, que com saudade falo, pois a beira do rio, quando jovem, permanecia em prece por todos e pela natureza. Era bom ver a água correr, por vezes fazíamos barquinhos de papel e seguíamos até sumirem por entre as águas. Era benéfico ficar ali, e ali, José, recebia orientações belíssimas dos meus instrutores, que os chamava de anjos de Deus. Não podia confiar em nenhum amigo, era um segredo, pois ainda, naquela época, vigorava com grande força o domínio do clero nos inibindo a qualquer contato extra-físico, mas tinha plena consciência que eram meus amigos, pois só me traziam pensamentos de bom ânimo. Sabe por que lhe falo isso, José?

- Não, estou tentando associar com o meu processo, Agenor, e não consigo ver a ligação porque, mentor amigo, anjo da guarda ou como queiram denominar, eu sei que todos assim o tem. Mas eu, com toda certeza, afastei Horácio, meu Irmão, pelos atos impensados. Então, tenho certeza que ele não podia sequer atuar na minha mente.

- Se engana, José, nos momentos de calmaria íntima, ele, o abnegado Horácio, se aproximava e lhe enviava a palavra do Pai. Se não tivesse feito isto, hoje provavelmente não estaria aqui a conversar comigo. Bem, quando lhe relato que sentia um enorme bem-estar em sentar a beira do rio e desfrutar da companhia dos anjos (mentores) é porque todos, querendo ou não, sentimos esta sensação de bem estar. Não definimos bem o que é, para isto é necessário vigiar e orar, pois a prece e a vigília nos elevam o padrão e nos permitem discernir o que é inspiração benéfica e o que é maléfica, e aquela que mais nos afiniza. O nosso espírito comanda tudo que queremos. Assim, José, digo que recebia as orientações e que se nos propusermos a educar o nosso espírito estaremos auxiliando também os nossos protetores, mentores ou, como alguns gostam de chamá-los, anjos da guarda. Bem que gosto desta palavra, porque aqueles que se desprendem por seguir-nos na encarnação como candidatos do bem são verdadeiros anjos do bem na jornada que escolhemos e que eles, por amor e abnegação, se dispuseram em ajudar na nossa experiência encarnatória.

- Como pode, Agenor, funcionar se somos inúmeros Irmãos? Existe mesmo um amigo protetor para cada um reencarnante?

- Sim José, pois a rotação de experiências no

plano denso concorre com a ajuda de muitos Irmãos que permanecem em vigília e oração pelo nosso sucesso, pois o mestre nos advertiu: "orai e vigiai". Quando encarnados no envoltório carnal, bloqueamos os sentidos por benefício a cada um e esquecemos que a arma de luz é o evangelho, e a seara do amor, a escudeira para a evolução íntima. Como estamos interligados, uns voltam às experiências do espaço denso e outros permanecem em auxílio mútuo. Sabe José, o chamado protetor também aprende muito servindo o próximo em nome de Deus senão não teria sentido. O desprendimento é um exercício de abnegação maravilhosa que se desenvolve. Aquele que já está apto a servir amparando já conquistou alguns momentos de amor, mas não quer dizer que já é anjo em plenitude. Está, também, caminhando como todos nós. Já temos conhecimento que semelhante atrai semelhante, o protetor também tem que estar em ondas energéticas compatíveis ao do protegido para que haja sintonia de trabalho, concorda?

Bem, José, continuemos as nossas recordações:
- Passaram-se 9 anos desde que cheguei ao Brasil. Já era considerado como membro da comunidade, conhecia a todos e suas intimidades. Durante esses 9 anos, tive somente uma oportunidade de retornar a Portugal e a encontrei bem próspera e

sucedida no comércio exterior, pois os conflitos internos já estavam abrandados e se tornara grande exportadora de bacalhau, o famoso bacalhau do Porto. O Pai nos ofereceu, em grande abundância, o benefício das águas, e trouxe o homem, através desta abundância, o comércio monetário (que se faz também necessário). O que sempre me incomodou nisto tudo é o fato de que quando o comércio não é favorável se desperdiçar e jogar de volta ao mar somente mortalhas de vidas que foram retiradas da vida pela ganância e não pela necessidade da fome. Chegará um dia, José, que o homem ressentirá deste desperdício, pois Jesus nos alertou que pagaremos até o último ceitil (Mt, 5-26) e às vezes ainda choro por lembrar que, com as próprias mãos, levei no lixo da inconsciência a comida que saciaria o Irmão.

Continuemos. Recebemos a notícia de que Joana esperava um bebê. Me Encontro-me agora com ela de joelhos em frente ao altar do Senhor, em prece fervorosa, agradecendo a bondade divina por lhe permitir a gravidez. Tenho, José, a permissão de repetir a prece que ela emitiu naquele momento para que possamos infiltrar mais na questão que já foi vivida:

Pai de bondade maior, sabemos que a beleza da vida se encerra nas pequeninas coisas.

O despertar de um novo dia

Hoje o meu ventre carrega o meu maior desejo. Do ventre de Maria, que como eu, mulher, também gerou em plena sabedoria seu filho – JESUS, a luz reflete no meu agora.

Me dê suficiente força para conduzir este filho ou filha que me confiaste até que conclua a educação, para que possa exemplificar em harmonia maior de luz.

Amém!

Sabe, José, se todos, tanto o homem como a mulher, trouxessem a consciência sagrada do gestar ficariam em prece constante, mesmo antes de entrelaçar os corpos para a fecundação da vida, pois a prece, José, fortalece os laços e unifica a força magnética protetora, fazendo assim um aro de luz, solidificando o casal, a casa mental de cada um, a estrutura física, o esqueleto do lar, e dariam assim a plenitude do sabor das energias benéficas aos filhos.

Foi o que Joana assim o fez para a sua amada Maria Dolorez, envolveu-a em benefícios de luz e fortificou o campo da filha dando-lhe condições de estabelecimento para a reencarnação.

Geralmente o homem e a mulher não trazem dentro de si a consciência deste sagrado momento e buscam somente o prazer do contato físico, perdendo o maior envolvimento que é a troca de energia equilibradora que trazemos como complemento de saúde-matrimônio. Por buscar somente prazer, começam a perder o sentido da união e o campo de energia torna-se fraco, sujeito a todas as investidas extra-lar íntimo. É muito mais complexo do que se pensa, mais para frente voltaremos a falar sobre a estrutura de um lar.

O tempo passou e a consagração do Pai se realizou perante os braços de Joana: Maria Dolorez veio ao mundo, o qual, por esta época você, José, já estagiava no planeta sagrado-Terra, que é a benção maior que recebemos como campo de regeneração que é nada mais que o campo sagrado do Pai. Bem, vamos com o auxílio do Irmão Fabrício rever juntos o antes, a proposta feita por você e por Maria Dolorez. Nesta encarnação, enfrentariam juntos a vida para reajuste maiores:

- Está preocupado, José?

- Não sei, verei Dolorez como Dolorez, bem do mesmo jeito que a conheci?

- Sim José, pois a ideoplastia que carrega na memória só você pode reproduzir, porque está impregnada em você, no contexto vida como registro recente. Como se lembra dela a verá como tal.

- Preciso de um tempo, pois não consigo agora. Estou emocionado, pois tudo que almejo é ver

Dolorez. Preciso me recolher por alguns minutos.

- Tudo bem, darei-lhe o tempo necessário assim Fabrício também poderá se acomodar e nos ajudar neste momento.

Comecei eu José a caminhar pela belíssima planície; retirei as minhas sandálias para sentir a grama, precisava, naquele momento, tocar com os meus sentidos extrafísicos a vibração do Criador. Era como um colo naquele momento. Respirei profundamente e busquei a harmonia que estagia dentro de cada um de nós. Horácio me disse que se faz necessário o estagiar nos sentidos elevados para um dia, quando não mais precisarmos de sermos estagiários, sermos na totalidade todas as virtudes como assim o é o Cristo – Jesus. E como só os elevados de alma tem este domínio, eu ainda preciso de tempo para me postar em contemplação à natureza do Pai. Tentei desviar a mente e centralizar somente na força Maior.

Trouxe as recordações dos amigos como Antônio Carlos, queria o braço forte deste enfermeiro do Cristo, mas ao mesmo tempo senti que se fazia hora de crescer, e para crescer se faz necessário soltar as amarras que colocamos em nós por nós mesmos.

Sentei bem no meio do campo e elevei o meu pensamento em prece e pedi, por mais uma vez, força para enfrentar a mim mesmo, quando pude fitar, por cima de minha cabeça, uma pétala de flor de laranjeira caindo do nada. Agradeci ao Pai pela bondade infinita, pois a pétala sabia eu que Dolorez emanou do espaço energético aonde se encontrava. Peguei aquela energia e solvi. Obrigado, Dolorez, alma de grandeza incomparável.

Voltei até Agenor e deparei com Fabrício. Tornei a fazer as minhas indagações:

- Fabrício, como ainda sinto frio, medo, angústia, incerteza e vergonha? Quando me libertarei destes sentimentos?

- Bem José, meu Irmão de jornada, quando você reconhecer na totalidade as fraquezas e aceitá-las como crescimento íntimo. Chega de blá-blá-blá e voltemos, não temos muito tempo.

Iremos, José, colocar na sua cabeça uma espécie de capacete, como se fosse um capacete de astronauta. Este capacete lhe dará melhor amplitude na cena que está registrada no seu cérebro perispiritual, sem interrupções de ações por interferência de suas emoções, concorda?

- Sim, concordo.

- Sente-se e faça uma prece em silêncio. Permaneça de olhos fechados e somente registre para nós as suas sensações.

Pelo meu próprio livre-arbítrio que aqui também ocorre, eu pedi esta experiência que se fazia necessária. Comecei o trabalho com grande medo do que viria, como se fossem momentos desconhecidos para mim. Mas, no fundo, o reflexo-dor deixado atrás, eu, por várias vezes, havia recebido, sem ter a consciência das ondas magnéticas. Como é perfeito o circuito que nos une a todos.

Comecei a ver vultos caminhando a minha volta. Movimentavam-se como se fossem formas enfumaçadas, à medida que se aproximavam iam ganhando textura, e a primeira Irmã que pude identificar foi Dolorez. Que bela moça, que luminosidade ela estava naquele momento expandindo. Controlei o meu íntimo, pois mesmo estando o capacete no meu cérebro perispiritual havia registro no meu corpo sutil.

Logo após estava eu, José, de novo, que mais parecia um pequeno vagalume, perante Dolorez. Aproximaram de mim aqueles amigos que por vezes os deixamos conduzir os nossos passos por orgulho, vaidade e presunção, e esquecemos que teremos também que ressarcir a cumplicidade com eles, pois, querendo ou não, teremos que nos auto-ajudar por ter havido, da parte de ambos os lados, cumplicidades de ações.

Vi também, como que se tirasse de um arquivo, o registro do que deveríamos cumprir, ou melhor, como seria a nossa trajetória no plano Terra.

Como o relato é meu, recordei a minha parte.

Cresceria, casaria com Dolorez, constituiria família, trabalharia pela formação dos filhos e seria um exemplo para a sociedade. Fundaria uma escola de bases religiosas com apoio de Agenor, pois em outras oportunidades eu incendiara todas as Igrejas do Cristo - Jesus que pude, e o devotado e incansável Agenor buscava seguir Aquele que nos deu a diretriz de vida maior.

Quando revi a proposta, chorei como um bebê e permaneci ali sentado em silêncio por alguns minutos.

Fabrício, junto a Agenor, aplicou-me passes magnéticos, fortalecendo o meu campo. Restabelecido, perguntei:

- Por que não fiz nada do que propus?...

Capítulo 7

O despertar de um novo dia

Após este momento benéfico, senti constrangimento, pois eu, José, espírito liberto das ações da carne, me sentia por mais uma vez desnudado pelo tempo - ação. Estava com o meu eu maior sufocado em base cristã, pois o Pai de misericórdia havia concedido a mim, José, rever esta oportunidade de vida, e o que eu presenciei foi o passar, sem limites, de ações impensadas, porque, quando estamos embutidos no corpo sagrado físico, julgamos como mera coincidência os fatos ao derredor e sub-julgamos o maior sentimento que é o amor por nós mesmos.

Quando os instrutores nos auxiliam, dizendo que temos toda diretriz dentro de nós, não compreendemos, mas temos sim: ela é o germe que habita dentro de cada um de nós. A criança, por instinto de sobrevivência, ao nascer faz o movimento de sugar praticando a musculatura para mais na frente poder mastigar e digerir todos os alimentos que puder alçar. Assim são os nossos sentidos que julgamos adormecidos e sem condições de realizar a mais simples ordenação que é seguir o PAI através dos ensinamentos do mestre Jesus.

Agenor pegou as páginas sagradas e nós agora transferimos para você, que compartilha comigo a minha dor e a minha elevação:

- Querido amigo José, encoste-se, conforte a

sua cabeça, respire profundamente, feche os olhos e sinta as palavras do mestre Jesus. O nosso mal, se assim posso dizer, é não deixar as sagradas palavras penetrarem em nossas células cerebrais e as atingirem com força de comando maior, por isso nos perdemos pelo caminho. Se vivenciássemos as palavras corretas não esbarraríamos em questões desastrosas, mas por vezes incorporamos as palavras que fabricamos e, pelo teor vibratório em que estagiamos, sentimos a força que elas tem em nossa consciência perene.

Bem, feche os olhos, mentalize a luz e deixe estas palavras penetrarem no seu íntimo:

"Sermão da montanha": "Bem-aventurados os misericordiosos porque alcançarão misericórdia", "Bem aventurados os puros de corações, porque verão a Deus".

Como é belo este momento! Reflita, José, "Bem aventurados os misericordiosos", e o que é ser misericordioso? Bem, a misericórdia começa de dentro para fora, esta misericórdia com os nossos sentidos mal trabalhados, misericórdia com os caminhos vivenciados, misericórdia com as palavras utilizadas e não muito bem colocadas, misericórdia com os atos que através das mãos e dos pés utilizamos como ferramentas destruidoras para os Irmãos, mas que na primeira instância é a nós que atingimos.

Sabe, José, já está estabelecida a misericórdia pura dentro de nós, nós é que não a utilizamos na totalidade, pois o Cristo assim edificou na magnífica brandura o exemplo da misericórdia quando, entregue ao Pai, esteve diante de todos nós e por misericórdia pediu por todos nós. Este ato de amor está magnetizado nos nossos corpos e, para nos tornamos puros de coração, temos que nos libertar do orgulho, da inveja, da ganância, da vaidade, dos abusos desconectados do amor, da preguiça, da luxúria, da gula e da intolerância, aí passamos a ter a benevolência, a caridade, a simplicidade, a vontade de servir ao próximo como a nós mesmos, e este processo foi ensinado pelo Mestre na Santa Ceia quando, sentado junto aos apóstolos, abençoou a vida e rastreou para o amor.

Amor de criar, de conduzir, de abnegar, de alegrar, de enfeitar a vida do Irmão desprendido de qualquer necessidade pueril e aí crescemos e nos libertamos como as libélulas libertam do encapsulamento que elas próprias criam.

Bem, José, após este momento de refazimento espiritual, tome esta sopa de ervas, assim cuidará também do perispírito que ainda ressente as dores do tempo.

Após um tempo voltamos ao curso de recordar. Sentamos agora em volta a uma mesa. Irei explicar como funciona esta mesa:

Formato ovalado de espessura três centímetros com um material superior semelhante ao vidro que vocês conhecem mas não é vidro, abaixo vários plugues (grosseiramente falando, mas é a maneira melhor que encontro até então para ser bem claro nas colocações). Ligados a estes plugues vários fios de todas as cores. Para mim era um verdadeiro quebra cabeça e não me senti à vontade diante desta mesa. Parecia que iria rever algo que não seria agradável, mas que se fazia necessário. Aí respirei profundamente, olhei para Fabrício e Agenor e balancei a cabeça dando a entender que estava pronto para o comando.

Fabrício falou:

- José, coloque os seus dedos indicadores nos plugues que estão a sua direita, cujos os fios são da cor verde.

Na hora que os toquei a forma de vidro dilatou como se fosse uma gelatina e pude tocá-los com precisão. Fabrício continuou me dirigindo: agora continue pressionando, feche os olhos e relate o que está vendo ou sentindo.

Custei um pouco para libertar os sentidos e comecei a sentir tonteiras. Fabrício falou que era normal e que continuasse seguindo, a tonteira era devido aos meus sentidos ainda estarem embrutecidos.

Adentrei em uma sala, havia nesta sala muitos médicos. Comecei a viajar no tempo através de células direcionadas pelos meus indicadores. Pude ver o meu protótipo físico sendo delineado, e as dificuldades que poderia enfrentar devido a vidas passadas. É a proposta, meu Deus, a proposta física! Devido às riquezas de outrora havia eu danificado o meu corpo perispiritual através de bebidas e vícios de todas as ordens e o dano estava impregnado nas células- registro (célula mãe perispirítica).

Fabrício me pediu:

- Não raciocine agora, deixe fluir. Somente vivencie, depois conversamos sobre isto.

Aproximei bem do médico que me instruía, era Horácio. Lágrimas rolaram no meu rosto, mas não vacilei, continuei a trajetória, queria escutar o que Horácio falava para mim. Quando pude alcançar, foi como se eu, José, incorporasse todo o momento e me vi diante, olho a olho, com Horácio, e suas palavras foram as seguintes:

- Olhe, Irmão, este protótipo físico. É como nos pediu: seu fígado estará conclamando reajuste como o seu estômago e intestino, procure ficar firme no propósito de não danificar mais o seu perispírito. Você sabe que terá que lutar contra o alcoolismo, pois o registro do álcool está no seu comando célula mental perispiritual e terá que ser bem forte. É uma prova bela que o fará libertar-se, terá a abnegação de uma Irmã que o seguirá para o reajuste, mas lembre-se de que depende essencialmente de você para que venha libertar-se deste vício ao qual agora está por um período envolvido. Se trabalhar pelo amor, Irmãos chegarão com maior facilidade até você, o fortificando, pois encontrarão campo para tal mas, se não, será difícil esta penetração no seu cérebro, necessitando assim, pela bondade do Pai, de outras oportunidades de vida – corpo. Eu me vi abraçando o meu Irmão Horácio e como um flash, naquele momento, o vi em outra etapa de vida... eu, eu mesmo, meu Deus, retirando a vida de Horácio. Neste momento gritei:

- Eu, não, assassino continuo...

Capítulo 8

"Quando todo o povo ia sendo batizado, também Jesus o foi".[9] Recebi esta vibração de amor, dando a compreensão de que o batismo é nada mais que a renovação da alma para continuar a luta íntima. Obrigado, Horácio.

Quando terminei de agradecer, o querido Irmão Horácio surge na minha tela mental.

- José, Irmão, as marcas do passado são registros do nosso caminhar, para que venhamos compreender melhor as nossas ligações. Tudo que ocorre no mundo físico está sobre olhos do Senhor, que não perde sequer uma ovelha. Não foi assim que aprendemos? Pois bem, peguemos nesta bondosa árvore que denominamos esperança e sigamos no caminho do PAI.

Olhe como é belo o campo do Senhor, pois ele nos dá a terra fértil para que venhamos cultivar todos os nossos sentimentos com amor, mas se deixarmos uma única semente impregnar as outras sementes menos elevadas criamos, com as próprias mãos, a erva daninha. E o sábio dos sábios deixou impregnada, no tempo, a sagrada semente purifica-

---

[9] Batismo de Jesus Lc 3,21

dora do amor, pois chegará um tempo em que todos nós estaremos contaminados por esta fagulha de amor e seremos a luz curadora de nós mesmos. Assim, todas as ervas daninhas serão extirpadas.

Pois bem, José, porque não praticar agora, começar a separar por si só o joio do trigo e deixar este trigo dourado iluminar a sua mente e caminhar como caminharam os apóstolos do bem?

Neste momento, ele parou e se afastou sem sequer dizer uma palavra. Do mesmo jeito que penetrou a minha mente, ele assim saiu, creio eu pela elevação espiritual já conquistada. Por mais uma vez ele lançou a corda para me alçar e me segurei nela porque sozinho não seria capaz de suportar tanta maldade provocada por mim mesmo em sucessivas encarnações. Aquele que apunhalei, hoje um anjo protetor. Chamo-o assim porque ele se fez um anjo para mim, mais uma vez:

Obrigado, Irmão Horácio!

Respirei profundamente e disse:
- Bem e agora, o que recordarei? Esta pergunta foi feita com ar de vergonha e, ao mesmo tempo, de desapontamento.

Agenor entrou em cena sentindo o meu desânimo e disse:
- Antes de seguirmos, iremos fazer um peque-

no culto ao Pai. Vamos para fora, pois a beleza do dia nos fortalecerá.

Abraçando-me, Agenor envolveu-me com o calor de um Irmão superior. Senti o conforto necessário para prosseguir.

Sentamos debaixo de uma árvore que trazia a copa recoberta de flores cor laranja. Como esta cor fortalece a alma, pois, além de fazer lembrar-me de Dolorez, fortifico nela que é a cor do sol, o sol purificador e fortalecedor da alma do que se encontra na geleira da instância. Agenor falou:

- José, sinto que está suficientemente forte para fazer uma prece. Fará para nós?

Pedi que deixasse Fabrício fazê-la por mim, mas Fabrício falou:

- José, até quando fugirá? Até quando ficará dependendo de muletas? Está na hora de libertar das amarras. Se não estivesse pronto não pediríamos a ti.

Pela primeira vez senti que trazia dentro de mim a humildade. Abaixei a cabeça e orei:

Pai,

Força da criação, eu, filho ingrato, perdido, hoje retorno a ti como o filho pródigo que precisou sentir a amargura no íntimo, para compreender que se faz necessário retornar, refletir e concordar que estamos aqui por um único objetivo que é simplesmente nos educar.

Jesus, o Mestre, nos deu a escola e nós, por nos julgarmos melhores, entramos em precipício profundo. Precisei, Pai, chegar no limiar para hoje compreender que é sagrada a vida. Obrigado por tudo.

Que assim seja!

Agenor pegou a Bíblia Sagrada e leu:
-"Quando todo povo ia sendo batizado, também Jesus o foi" (Lucas 3 –21).

Olhou profundamente nos meus olhos e, neste momento, o vi vestido de hábito com o seu terço nas mãos. Vi também a Igreja do Monte Agreste e vi eu, José menino sentado ao lado de Dolorez e da Dona Joana. Fabrício aplicou um passe magnético e me disse:

- Não desvia a atenção, respire fundo e siga com o que está vendo.

Agenor perguntou:
- O que entende desta passagem, José?

Gaguejei, passei a mão no cabelo como de costume, chorei, mas dei a minha resposta:

- Bem, Jesus, o Mestre, mostrou naquele momento a humildade perante todos os Irmãos.

- Muito bem, José, mas não foi só isto, nos ensinou que renovar na limpeza do corpo e no alimento da alma é o caminho que temos para refletir

O despertar de um novo dia

e nos deixarmos batizar pela consciência superior da criação. Criamos laços de esclarecimento que é o maior alimento que recebemos quando nos colocamos diante do Pai como servos e não como aqueles que querem ser servidos. E como todos, Ele também exercitou este momento consigo mesmo.

Continuava olhando para Agenor. Queria virar os meus olhos e fitar Dolorez que luzia nitidamente nos registros do Irmão, mas tive medo. Até poderia tocá-la, pois me foi possível registrar o calor do corpo dela exalando naquele momento. Como é belo retornar e sentir!!!

Hoje falo assim porque superei e já me preparo para reencarnar. Relatarei mais na frente. Mais uma vez, obrigado Pai da criação.

Capítulo 9

O despertar de um novo dia

"Que Deus enviou seu Filho em semelhança de carne".

Refiz-me, sentia agora todas as vibrações do ontem, e é estranho trazer dentro das células-mater os registros grafados! Podia reconstituir os abalos, sem estar nos abalos, por isso a lei é implacável. Jesus nos advertiu: "pagarás ceitil por ceitil", como são profundas estas palavras porque sinto ainda no meu campo periférico os abalos da danificação do fígado, da corda no meu pescoço e assim por diante. Como neguei a experiência não respeitando o corpo, hoje sinto e ressinto as dores do corpo lesado.

Veio então a pergunta que até hoje reflito na resposta me dada pelo Irmão Agenor:

- Agenor, Jesus, o Mestre dos mestres também sentiu após o desencarne as dores no registro da célula-mater?

- Oh! Querido José! Não, porque se hoje te perfuro um órgão, o registro está aí, grafado na minha mente inconsciente que um dia conclamará justiça ou amor. Como o Mestre dos mestres somente amou, demonstrou em todos os momentos o que é amar, mesmo sentindo as dores no físico jamais registrou no espírito as dores, pois quem ama não registra a dor realizada por outro, pois não se sente agredido por amar. Por isso Ele, o Mestre, não registrou sequer uma palavra que viesse a sugerir ofensa, e Ele próprio nos ensinou que deveríamos perdoar setenta vezes sete, pois seria um ato de caridade para com nós mesmos.

O dia em que o homem verdadeiramente incorporar estas palavras vivenciará a experiência da carne e caminhará tal como Jesus o fez e não carregará sequer um registro de angústia, revolta e vingança, e estará liberto de qualquer compromisso, porque caminhará em carne exemplificando amor e virtude e será caridade em ação.

Julgamos a caridade um ato de demonstração por ainda não termos trabalhado com perfeição o sentimento vaidade. Para isto o Pai benevolente, na sua criação, permite as almas boas nos inspirar incansavelmente nos conduzindo para o bom caminho.

Já imaginaste, José, quantos amigos Jesus assim conquistou para que viessem compartilhar com ele em ondas vibracionais auxiliando-o na escalada da evolução íntima? Pois José, Ele, quando encarnado, lutou com amor contra as ondas perniciosas mas recebia vibrações benéficas constantes dos Irmãos encarnados que o acompanhavam. Imagine José uma árvore que recebe os fluidos das flores e beneficia a humanidade com o seu perfume, depois com o seu fruto cujo terreno fértil recebe a semente deste fruto e os companheiros agradecem constantemente pela oferta que ela nos dá sem cobrar sequer um centavo pelo que produz. Quanto ela irá receber de vibrações para que em próxima florada venha ter mais alimento fluídico e sustentar as vibrações para reproduzir em maior abundância?

Agora José imagine aquele que por preguiça do próprio teor se entrega a não produção e se torna uma árvore seca que nem a copa oferece sombra para os pássaros poderem descansar e se sentirem acolhidos da chuva, será que terá a mesma cobertura das ondas benéficas? Será que conseguirá produzir, reproduzir e enfeitar os corações dos Irmãos?

Existe todo um contexto de vida e de programação, se nós não nos esforçamos na própria colaboração como poderemos conquistar a nossa escalada de libertação como Jesus assim o fez?

Bem, José, hoje receberá a visita de sua tia Almeida, pois ela é o veículo para você ter acesso aos arquivos de seus filhos.

Quando olhei à frente avistei tia Almeida. Ela vinha trajando o mesmo vestido quando pela última vez a vi, era cor-de-rosa puxada para salmão claro, cinturado com rendas largas nas mangas e na barra do vestido, um suave franzido no busto dando a graça de uma nobre senhora. Carregava uma sombrinha da mesma cor e um belíssimo chapéu. Quanto ela mais se aproximava, mais lágrimas vertiam dos meus olhos, era como se eu José menino estivesse nos trilhos da vida vendo as minhas Irmãs sendo levadas pela tia Almeida, que nunca mais naquela existência veria. Tentei me recompor, mas foi inútil, quando ela me abraçou era como se abraçasse mamãe, ai que saudade da mamãe! Um choro abafado e dolorido senti, pois os olhos da tia Almeida lembram-me os de mamãe.

Por caridade ela me envolveu nos braços me ofertando o colo. Nesta altura ela, ao meu lado, sentada já estava. Coloquei minha cabeça no seu colo e pude voltar em fração de milésimos de segundos e recordar a morte, ou melhor, o desencarne de mamãe, recordei dela recostada na cama com os ossos sobressaindo e me pedindo para ser um bom homem.

Naquele momento tive uma violenta queda energética. Horácio, bondoso Irmão, me jorrou luz e me fortaleceu, não estava presente mas pude, mais uma vez, escutar a entonação da voz, ou melhor, do pensamento dele.

- José Irmão erga a cabeça, respire fundo e beije a sua tia, ela te fortalecerá e poderá continuar a recordar para melhor caminhar.

Capítulo 10

O despertar de um novo dia

Acalentado por tia Almeida dormi exatamente 4 horas. Sono reparador, parece que quando o trabalhador do bem se entrega ao sono justo ganha em energia e recupera em estado mental. Pois era assim que me sentia agora, refeito para seguir.

- Bem, tia Almeida, como está? Não mudou nada! Como pode estar com a mesma aparência de uns 60 anos atrás, mais ou menos, não tenho exatamente o tempo em minha mente, mas vejo que o tempo foi generoso com a senhora.

- José querido, o espírito pode utilizar-se da ideoplastia e trazer a forma a qual melhor adapte à situação, isto tudo com ordens dos superiores. O seu registro mental sobre a minha aparência era assim, pois até o vestido busquei nos meus arquivos para lhe causar melhor aproximação de suas Irmãs, que serão elo também para Carlinhos, Maria Joana e José Filho.

José, vamos recordar primeiro a trajetória de suas Irmãs, que hoje oram fervorosas pelo seu despertar para um novo dia, este que virá banhado em luz, se assim você quiser consagrar os dias seguintes aos princípios Cristão. Só depende de você, exclusivamente de você.

Analisa Carmo pelo espírito *José da Cunha*

José, lembra-se do dia em que partimos para Lisboa, eu, seu tio e suas Irmãs? Você estava escondido a nos observar. Horácio me colocou a par. Lembra-se de Fabrícia, Amélia e Cordélia? Pois bem, respire profundamente e penetre, José, na minha mente. Estarei liberando para você alguns momentos de suas Irmãs, queridas filhas, pois é como as tenho. Pude acompanhá-las, sua mãe confiou-as a mim, nada fora do mandato do Pai, pois eu, José, precisava ressarcir junto a elas os débitos do passado. Como o meu compromisso era com elas, por intuição, sua mãe pediu-me que cuidasse delas somente, você ficando para cumprir o seu papel no curso da evolução com Dolorez. Tendo ficado incapacitada de gerar filhos e, por uma provação maior, as tive através de sua mãe.

- Mamãe! Por que ela não está aqui, por que não posso vê-la? Por que ela e Dolorez não podem aproximar-se de mim? Que terei que fazer além de me arrepender profundamente, será que terei que voltar ao corpo físico sem saciar o meu desejo de olhar nos olhos de novo daquela que me permitiu experimentar a vida e daquela que é o halo da minha vida?

- Acalme-se, José, tudo ao seu tempo.

- Bem, não podemos perder tempo, pois você mesmo determinou o tempo para este retrospecto, está lembrado? Três dias e já estamos por meio do primeiro dia e terás que ver muito ainda, então pare com tantas indagações e ore ao Pai.

Permanecemos alguns minutos em silêncio e naquele silêncio me transportei para o riacho, o trilho e a grama que circundava o ambiente. Pude rever os bichinhos que por entre a grama se desenvolviam e cresciam em forma de expressão para a vida, projetando a luz do Pai através deles. Senti-me igual a eles naquele momento de grandeza maior, mas sem luminosidade alguma e lembrei-me de Fabrício me alertando que vale a pena continuar. Abri os olhos, olhei profundamente entre os olhos de tia Almeida e vi Fabrícia, senti outra vez, e me desculpem a palavra, ódio dela, pois, lembram, foi ela, na minha idéia, que roubou quem eu mais amava, mamãe. Por ignorância roguei praga a um ser pequeno, e neste momento, pedi perdão.

- Perdão, Fabrícia, por tudo que projetei. Sei hoje que os dardos coléricos que te enviei atingiram só a mim, e, as células do estômago, danifiquei. Quanto estou aprendendo!

Neste instante vi Fabrícia moça no dia da formatura em Portugal. Ela estava feliz, formava-se em letras, poetiza de primeira linha. E pude ver, neste dia, Amélia com um filhinho no braço, o meu sobrinho que em vida não conheci, e Cordélia, noiva e, pelos pensamentos, em breve casaria. Fabrícia optou por ficar solteira e dedicar a carreira literária.

Quando descemos as escadarias do teatro central de Lisboa vi, com tia Almeida, a esperança de momentos melhores. Já havia se passado, em fração de segundos, cinco anos. Vi os meus filhos, filhos amparados por ela que junto a Agenor tutelaram os filhos do vento. Quanta dor no coração de Maria Joana! Pai de bondade! Penetrei mais na minha pequena menina que era cópia de Dolorez, quis tocá-la e dizer não tenha medo estou aqui com você, mas o tempo passou e não estava. Mas pude registrar a fala dela com o padre Agenor:

- Oi, Padre Agenor! Sinto tanta falta da mamãe! Já não consigo recordar dos olhos nem do rosto dela com perfeição, queria abraçá-la! E papai, como está?

Nesta altura da vida, Maria Joana já estava com doze anos. Já havia passado oito desde a separação e o Padre levava a notícia que Dolorez havia falecido e eu, doente em uma clínica, estava. Oito sagrados anos de dores irreparáveis, que neguei aos meus filhos o estar com a mãe. Gritei abafado, dor maior no coração eu não pude registrar, queria, naquele momento, voltar ao tempo, mas como voltar ao tempo, como recuperar o que já havia danificado? Recebi outra vez o jato de luz dos Irmãos que, em forma de caleidoscópio, me envolveram para que pudesse prosseguir na pesquisa do tempo.

Agenor disse:

- Querida filha, traz a formosura de sua mãe nos lábios e, na maneira de se dirigir a mim, é o mesmo que vê-la e acho que agora ela está bem próxima de você.

- Como assim Padre, eu não sinto. Estou cada vez mais triste, parece que papai nos esqueceu, se não fosse tia Almeida, ou melhor, vovó, não teríamos vínculos nenhum aqui.

- Que bela mocinha! O que a educação lhe fez, traz um princípio lindo no falar, então compreenderá bem o que vou lhe contar. Sente-se.

Neste momento, vi minha princesinha por completo. Trajava uma saia de veludo azul-marinho cinturado, uma blusa de mangas compridas e de seda pura na cor palha, tinha por entre os braços uma pequena bolsa, pois moças da corte assim portavam, e tinha até luvas, sapatos pretos e lustrosos. Era o início de uma nova vida para mim que não registrei.

Após este instante ela, Maria Joana, tornou-se triste e silenciosa, tal o comportamento de Dolorez. Ficava horas olhando no cais, esperando a mãe chegar e abraçá-la como eu havia prometido. Eu havia prometido, meu Deus, e não cumpri...

Mas o que eu cumpri?

Vim a saber que ela terminou a vida com seus

25 anos. Morreu com a doença da solidão, chamando a mãe. Confinou-se no seu piano, e não prosseguiu carreira que queria. Queria ser advogada, desistiu quando soube que o pai, aquele que a levara para longe, tinha sido advogado. Ela tinha conhecimento que seria difícil a carreira, mas queria estudar as leis. (Dentro da sua cabeça de adolescente que buscava constantemente o retorno ao seio materno, o que a daria condição seria dominar a lei, pois sempre escutava o tio-avô falar que fora da lei não teria salvação. E a busca da salvação para Maria Joana eram os braços de Dolorez.)

Perdoe-me, Maria Joana...

Capítulo 11

O despertar de um novo dia

Voltei do porto. Deixei a minha menina lá entregue ao vento que nunca lhe trouxe a mãe. Não suportei e pedi ajuda.

- Por favor, não estou me sentindo bem. Preciso descansar, orar, meditar, chorar, gritar...

Para ser preciso, a sensação era como se a minha cabeça fosse explodir, explodir por pressão que nem uma panela de pressão. Agora sei o que é pressão mental pois registrei esta de minha filha, perdão Maria Joana...

No meio ao turbilhão percebi, ou melhor, imaginei como seria bom se em vez de estar a pedir perdão estivesse eu José sorrindo por ter realizado o melhor pelos meus filhos, se tivesse lhes dado o justo. Aí, me senti mais do que nunca injusto perante a lei do Pai, do PAI, aquele que concede tudo a todos os filhos com justiça implacável e eu hoje colho a minha justiça!

Recebi passe magnético do padre Agenor que sabiamente disse:

- Vamos, Almeida, descansar. Todos nós estamos precisando, tomaremos o caldo para recompor o ser. Após o caldo iremos fazer as nossas orações e estudar um pouco do evangelho do Cristo, que é o verdadeiro antídoto da dor.

- Sim, vamos Agenor. Acompanhe-nos José, meu filho.

Levantei cambaleante, envergonhado e dolorido. Sabem, aquela dor do íntimo, aquela dor que sufoca e incomoda?

Tomei um copo de água restauradora e me pus a caminhar para refrescar a memória, as lágrimas não paravam de jorrar dos meus olhos, parecia uma verdadeira cachoeira descontrolada, e continuei a caminhar. Ofereceram-me duas horas sozinho, para ordenar a minha mente. Cheguei perto de uma frondosa árvore e sentei-me. Respirei, ensaiei o Pai Nosso, mas não dominei e escutei, oh, meu Deus, escutei bem próximo uma suave voz que me envolveu por completo. Como se torna fácil dividir quando imbuídos estamos no mesmo sentido! Aí pude escutar a oração:

Oh Pai de brandura, envolva-nos neste momento sagrado ao qual eu também, como filha, registro em minha mente a dor do não respeito, pois tornei-me suicida do tempo por não compreender a vida a mim ofertada. Como filha da circunstância me encontro também buscando o auxílio para o reajuste do tempo perdido, se hoje posso estar diante daquele que me ofertou a vida e por falta de amadurecimento meu o neguei, deixa-me tocá-lo, senti-lo e amá-lo, pois sei que ele será, neste momento, a força que preciso para continuar e poder, em breve, ver mamãe, a querida Maria Dolorez.

Ao término da oração não tive coragem de olhar para cima, e fico ainda a imaginar que força é esta que a mulher trás dentro de si. Como pode ela, minha filha, orar e pedir em perfeito equilíbrio, estando diante de um pai faltoso como fui, como pode uma mulher suplantar a dor e amar, como pode uma mulher - filha perdoar um homem – pai, que pai não fui? Comecei entrar no redemoinho quando ela, minha filha, me abraçou e falou bem baixinho:

- Pai, me perdoa, também sei que errei e não soube compreender as suas atitudes. Por várias vezes o neguei e não sei como farei para ressarcir os meus débitos perante a tua alma.

- Oh, não minha filha. Que débito é este? - Falei sem ter coragem de olhá-la pois, pela vibração que ela trazia, sabia que ela não podia ver a mãe ainda. Oh meu Pai, quanta dor que eu provoquei e ainda provoco, quanta dor...

Então ela me falou:

- Papai querido, me olhe nos olhos. Quero rever aqueles olhos que tanto temi e não compreendi. Hoje bem o sei que não devemos julgá-lo e sim amá-lo. Por isso estou exercitando o amor àquele que me deu o direito a vida. Obrigado, pai.

Já não havia mais lágrimas (como podemos chorar tanto, parece que somos como uma nascente, é só dar chance para as profundezas íntimas que brotam, com toda a facilidade, as gotas sagradas que limpam a nossa alma, tal qual as águas do mundo que desabrocham das profundezas da Terra e renovam a terra, tornando-a fértil para renovar a vida naquele terreno que antes estava arroteado para vida. Como são belos os instantes sagrados dos momentos acolhedores do Pai). Agora me encontrava com um enorme buraco, que Maria Joana taparia, ela seria a atadura do amor, e resolvi olhar aquele ser que diante de mim suplicava amor!

Nos olhamos sem nada dizer um ao outro por algum tempo e ficamos ali parados, até que fomos despertados, por tia Almeida, daquele sagrado momento.

- Olha só, não é que se acharam! Que belo!

- Tia Almeida, você falou com mamãe?

- Então, você se encontrou com Dolorez, Almeida?

- Sim, José, mas lembra, não é hora. E ela continua orando por você.

- Quando a verei?

- Em breve, confie e continue caminhando, e você princesinha, lembre-se que ela, a sua mãe, estará logo compartilhando a tarefa com os jovens, e pelo que me consta é na sua turma.

- Vamos, os dois precisam do caldo salutar.

Durante a refeição reparadora fiquei a observar a bela moça que diante de mim estava. Queria compreender muitas coisas, mas Agenor, com infinita compaixão, falou:

- José, o tempo é o melhor caminho para as respostas. Receber todas de uma única vez poderá intoxicar o ser e fazê-lo tropeçar pelo caminho, sossegue a mente e vamos às meditações. Venha, Maria Joana, também. Hoje ficarás conosco, amanhã seguirá com os seus amigos para continuar as tarefas com os jovens.

- Amanhã minha filha terá que ir?

- Sim, José, todos aqui trabalham, e ela também tem que continuar as tarefas a ela atribuídas. Não quer dizer que não irá mais vê-la, sim irá, mas dentro de uma disciplina. Aqui, no mundo espiritual, temos que utilizar melhor da disciplina, pois foi nos ensinado pelo Mestre Jesus que o filho pródigo retorna ao Pai após experimentar as vivências do mundo, e por não ter tido discernimento adequado retorna para exercitar melhor os direcionamentos do bem amar, pois amar em plenitude requer disciplina, não é José? Sentemos-nos na sala e vamos harmonizar os pensamentos.

Agenor fez uma prece e abriu o evangelho, leu para nós em Lucas 7 1-15 "o servo do centurião" e perguntou para todos o que havia mais marcado naquele momento. Olhou profundamente nos meus olhos, e eu pensei, procurei não precipitar pois naquele momento eu teria, antes de tudo, de direcionar bem os meus pensamentos, pois como advogado, título adquirido na Terra e que ampliou os meus sentidos, (melhor depois do desenlace, pois Jesus nos ensinou que na criação do Pai nada se perde) teria eu que utilizar melhor agora as idéias, por já estar recebendo o evangelho por um bom tempo através dos Irmãos espirituais. Falei o que mais havia me chamado a atenção:

- Bem, quando você, Agenor, leu em Lucas 7 -1 a 15, é o que recebo agora, a vida de minha filha, a esperança brota dentro de mim e sinto que posso continuar a caminhar, sei que o Pai de bondade me concederá outra oportunidade e poderei reparar todos os cantos danificados, pois Ele é misericordioso.

- Que bom que entendeu a mensagem, pois, José, o Pai não perde sequer um filho, Seu amor está fixado no eixo central da criação aonde pode Ele perceber a tudo e a todos. Você, hoje, com Maria Joana, terá o resto da noite para conversar e coordenar o tempo perdido. Que Jesus abençoe a todos.

Capítulo 12

Queridos Irmãos, devem estar se perguntando como pode o Pai de infinita bondade abrir para nós, filhos criados, tantas oportunidades, se nós mesmos, após penetrarmos nestas portas de oportunidades que nada mais são que as reencarnações, deixamo-nos aprisionar dentro do contexto experiência - vida terrena. Mas é assim mesmo, lembram que relatei que é como uma bola de neve, hoje guardamos um lápis que não nos pertence em nossas gavetas, amanhã guardamos um caderno e uma borracha, no dia seguinte manobramos o dinheiro que não nos pertence, e compramos a ilusão de não respeitarmos a vida e assim assolamos no precipício da alma e requererá que venhamos desprender ainda mais de nós mesmos para ressarcir o tempo mal direcionado.

Jesus foi tão claro que mais aberto no falar seria impossível e continuamos a negligenciar a vida doutrinária que um Cristo em luz desenvolveu.

Se buscarmos em Mateus 5 -5, encontraremos a totalidade do espírito e este espírito somos nós que ainda não interpretamos com simplicidade e amor. Enquanto desenvolvermos o domínio perecível, estagiaremos no vai e vem de vidas mau conduzidas, e foi isto que eu, José da Cunha, fiz. O reflexo é o hoje onde não encontro a paz para ser o verdadeiro tarefeiro do bem, estou praticando para executar a tarefa de aprendiz na próxima oportunidade que me for permitida.

É por vez doloroso, mas ao mesmo tempo gratificante saber que o Pai me dará mais uma oportunidade, trago comigo a certeza no amanhã e a compreensão do hoje, pois começo a dominar o ontem sagrado que me embala como uma folha ao sabor do vento da renovação.

Que os abnegados filhos do Pai possam concluir com altruísmo, sem deixarem sequer que um segundo de revolta os invadam.

Bem, voltemos à casa de Agenor, esteio de amor e humildade. Encontramo-nos agora, eu e minha pequena Maria Joana, nas despedidas. Que hora dolorosa, pois bem sabia que não a veria mais nesta oportunidade de reajuste que o Pai nos favorece.

Abraçamo-nos e queríamos permanecer no abraço por longas horas mas o dever a chama e ela tem que seguir; disse a ela as últimas palavras que carregarei comigo por toda a eternidade, que foram:

- Filha amada, que pediste aos superiores a oportunidade de desfrutar a encarnação junto a mim e a Dolorez e que pelo caminho o curso foi desviado pelas minhas mãos.

Olhe bem dentro dos meus olhos, porque quero que sinta a minha alma que neste momento está, torno a afirmar, toda despida para ti, doce amada filha. Se no tempo me envolvi no orgulho, hoje, diante de ti, sinto o verdadeiro sentimento de humildade e busco, através do teu exemplo, o amor singelo de uma florzinha de laranjeira. Então posso dizer que, se tivermos outra oportunidade, quero ser para ti o porto seguro, onde o seu barco estará ancorado no cais do amor. Que Jesus te ampare e te guie.

Lágrimas vi brotarem daqueles olhos cor de mel e vibrações de reconhecimento e amor. Obrigado, filha amada, pela humildade que exercitaste comigo.

Nos refizemos e retornamos ao ponto que paramos. Como é bom sentirmos amados, quanto terei que caminhar para compreender que sozinho não sou nada, e que o tempo amizade é o que de mais belo existe no campo do Pai!

Capítulo 13

O despertar de um novo dia

Pedi a Agenor e a tia Almeida que me cedessem algum tempo para recompor as idéias, mas queria sim chorar sozinho. Parece que há momentos que precisamos do estar sozinho.

São momentos de força íntima que nos proporcionam luz para que o raciocínio possa encontrar guarita e reencontrar os momentos de estabilidade. Neste momento já não era uma dor e sim um reconhecimento de alegria, pois sobre a poesia do Pai encontramos forma de benção maior, que é poder dizer como é bom viver, como é bom compartilhar e como é bom nos sentirmos amados! Que a suavidade de minha filha amada possa inundar toda esfera (física) dos pais terrenos e que eles possam agradecer, compreender e respeitar o tempo dos sagrados filhos do tempo, pois era esta energia que naquele momento eu precisava ganhar. Como já relatei, sou mais lento que os Irmãos que compartilham comigo a jornada do reajuste, mas aprendi que vale a pena caminhar mesmo com passada minúsculas.

Recolhido me encontro agora, refletindo em tudo que passou. Quanta dor provoquei, quantos caminhos espinhosos projetei, quantas almas interligadas à minha necessitaram e necessitarão de tempo para a compreensão, para continuarem a trajetória da vida.

Voltei a me ajuntar ao padre Agenor e a tia Almeida. Agora me aguardavam em uma enorme câmara igual aquela que eu estagiei; não queria permanecer ali, mas se fazia necessário, segundo as palavras do Agenor, que foram as seguintes:

- José, filho, como nós você também é filho do Criador. Lembra-se de quando recuperado das câmaras?

- Sim, lembro.

- Bem, lembra-se também de que pediste trabalho igual àqueles que abnegadamente oraram por você e lhe aplicaram passes de amor para que viesse recuperar os tecidos mórbidos do seu perispírito, não é?

- Sim, mas o que tem haver agora o que eu pedi, pois pedi para recordar as vidas de meus filhos.

- José, gostaríamos, antes de mais nada, aproximar você da câmara 5, gostaríamos que permanecesse em prece também. Depois você poderá questionar, mas agora precisamos de sua ajuda, pois o irmão que está neste leito necessita de sua energia. Pode nos ajudar, José?

- Sim.

Como negar a este pedido, como eu José, que

tanto havia recebido de tantos, nesta hora recusaria a este suposto pedido de amor (vocês entenderão porque suposto).

Aproximei da câmara e comecei a elevar o pensamento, pedindo luz para o Irmão que ao leito se encontrava na câmara de recuperação, quando tia Almeida e Agenor impuseram as mãos em prece. Vi a câmara clarear e ficar totalmente esbranquiçada, pude ver através do vidro, pois é assim que posso identificar a textura do material. Pude ver o Irmão, tia Almeida falou:

- José, querido sobrinho, projete sua mente na do Irmão, em prece por ele. Neste momento gelei, pois percebi, não sei se foi o código genético ou a vibração do Irmão que na câmara se encontrava, que era o meu filho. Senti enjôo, mas Horácio e Fabrício apareceram e me sustentaram, fazendo uma prece em meu favor.

Após o apelo dos Irmãos me recompus. Com a mão de Fabrício e de Horácio sobre a minha destra, continuei a trajetória. Pude penetrar nos registros de José Filho (meu filho no campo Terra) e ver, meu Deus, ver a dor do menino mais velho ao partir de São Paulo, violentamente arrancado da mãe. Já grandinho, podia compreender bem a situação. Registrou angústia, revolta, ódio do pai (eu). Por várias vezes foi projetando, na tela mental, cenas de extermínio do pai, eu, José sendo assassinado por José, meu filho. Ele não podia fazer o ato com as mãos, fazia mentalmente, ficando assim prisioneiro desta criação.

Enveredou na bebida e se tornou um abusador da vida alheia, buscou o homossexualismo sendo expulso pelo tio da casa que o abrigava. Perdido no tempo, ele suicidou e hoje busca se reencontrar no tempo e no espaço. Após este envolvimento chorei, mais uma vez chorei.

Se o planeta Terra é constituído de mais água do que de terra eu também o sou, pois as lágrimas eu ainda trago dentro de mim.

Horácio falou:

- Querido Irmão, ele, como você, também possui o livre - arbítrio e ele escolheu, também como você, o caminho que queria seguir. Cabe a nós, agora, orar por ele. Comece de agora a trajetória de ajuda e venha, sempre que puder, orar por ele, o seu filho terreno, mas que não é nada mais que seu companheiro de jornada de elevação.

Como o Pai é bondoso, ontem recebeste, hoje doará; é a troca de exercício benéfico que nos faz crescer constantemente.

Após este contato pedi mais uma vez tempo,

queria a ficar a sós, não sabia o que iria encontrar pela frente com o Carlinhos e queria ter mais força.

Agenor permitiu pois me restavam exatamente 3 horas para concluir a escala para a próxima etapa, outra oportunidade que o Pai maior me concederia encarnado.

Afastaram e fiquei sentado ao lado do meu filho como se fosse o túmulo de meu filho - homem que eu não respeitei quando encarnado, que não vi virar homem, e me deparava com um espírito – homem, não a criança que pelo braço peguei e o levei para a derrota e que possivelmente no labirinto mental estava. E eu havia contribuído para isto, tentei imaginar aonde ela, a mente de meu filho Irmão estaria estagiando neste momento de inércia do corpo. Mas, como sabemos, a mente nunca fica inerte. Falei:

- Filho amado, filho, onde se encontra, se pode me escutar, voltarei a te visitar. Rogo hoje ao Pai criador luzes para que ilumine a fonte geradora que habita dentro de ti para que possa superar, tal qual eu assim o fiz. Só depende de ti, querido menino José Filho.

Após este momento retornei na câmara por 5 sagrados anos até o dia que ele acordou e me olhou com profunda dor.

Hoje ele está naquele processo do psicólogo[10]. Que Fabrício seja amparado pela força maior!

E você, meu filho, que a mágoa seja suplantada pelo amor!

---

[10] Vide o Livro *"Gotas de luz na flor de laranjeira"*, do mesmo autor.

Capítulo 14

O despertar de um novo dia

Ver aquele a quem havia tutelado enveredado nas câmaras da renovação me fez meditar sobre a dor profundamente, pois sabia eu de todo o processo que seria necessário passar, tempo - recomposição para atingir tempo - ação, mas o Pai, como já relatei, é justo e a justiça divina é implacável.

Após este momento de dor profunda, encontrava-me entregue à meditação quando o amigo Agenor chegou com as palavras sagradas e disse:

- José, filho, vamos voltar ao caminho do equilíbrio, sente-se perto de nós e escutemos mais uma vez a sagrada escritura, pois somente ela pode alimentar-nos, dando-nos respaldo benéfico para seguirmos. Se os homens buscassem o evangelho como fonte sublime, não esbarrariam com tantas dores, pois teriam o antídoto perfeito nas mentes, e trariam assim o manancial sagrado do Cristo - Jesus.

Sentei-me silencioso, não ousei levantar a minha cabeça, que naquele momento se assemelhava mais a um enorme foco obscuro e impenetrável. Agenor pegou a sagrada escritura e começou a pregação:

- Bem, queridos Irmãos, em Lucas 6, 12 a 16, Jesus busca o encontro dos apóstolos dando-lhes a

129

sagrada oportunidade de vivenciarem a estrada do amor através da conduta. Se buscarmos entremear em nós os apóstolos, em qual melhor nos encaixaríamos?

Jesus nomeou-os: Simão, a quem deu o sobrenome de Pedro, Pedro porque teria que edificar e não negar, teria que solidificar e não danificar, será que trazemos dentro de nós Pedro? Mas o Pedro que negou o Cristo-vida por 3 vezes, e se buscarmos estas 3 vezes, será que poderíamos colocar em tempo - experiência multiplicada por 7 vezes, e estas 7 vezes por 70 vezes que foi o perdão que Jesus nos ensinou? Se pensarmos neste parâmetro sentiremos a benevolência do Pai nos concedendo mais que 3 vezes 7 vezes 70 reencarnações para o aperfeiçoamento espiritual. Não chamou Ele, o Cristo, o André de seu Irmão, e quando é que somos verdadeiramente Irmãos? Chamou Tiago, João, Filipe, Bartolomeu, Mateus, Tomé e quanto será preciso para elevarmos o padrão de Tomé que carregamos dentro de nós, nos esquecendo da base sólida que é a fé na jornada vida? Por duvidarmos das coisas do Pai, esquecemos que somos criação do mesmo, e nos perdemos na razão mal direcionada, por se encontrar ressequida, por falta de adequação, adubo amor e compaixão para conosco.

Chamou Tiago, filho de Alfeu, Simão, chama-

O despertar de um novo dia

do Zelador, Judas, Irmão de Tiago, e Judas Iscariotes, aquele que foi o traidor.

Será que nós também não caminhamos como o traidor de nós mesmos, pois Judas é aquela célula que trazemos como irmã, estrutura de alerta para as nossas ações. Em vez de procuramos educá-la, nos apegamos mais a ela e esquecemos que somos contribuintes para que ela fortifique e torne-se potencializada na décima casa de ação, representando a força de 10 apóstolos, nos restando 2 casas, 2 apóstolos, aqueles que enxergo como os que serviram sem questionar e que apenas serviram, que foi João, e um apóstolo que hoje posso expressar devido tempo - estudo e que julgo o mais sublime, o mais compassivo, pois aceitou ser o portador do esteio do iluminado para a humanidade, e suplantar a todos e a tudo, e até ela mesma, a sagrada apóstola Maria.

- Como assim, pela minha ignorância eu naquele momento indaguei, como Maria apóstola e não a Mãe, e porque apóstola?

Agenor, com toda paciência, falou:

- José, filho, vamos por etapas. O que é ser um apóstolo? É ser aquele que após ter estruturado e solidificado em uma estrutura, procura exemplificar, tornando-se assim o imbuído de postura e vontade; e quer maior exemplo de apóstolo do bem que foi registrado que o de Maria, ou melhor, Míriam porque Míriam, para nós, representa a iluminada. Já imaginaste quando formos capazes de sermos os iluminados de amor, paciência, disciplina e conduta seremos os que projetarão, como Maria, o caminho para a força do Pai.

Olhemos, José, em Marcos 4,1 a 20, quer tradução em expressão maior do que o semeador, será que Maria não foi o pólo central da luz do semeador, será que não foi o caminho que Jesus consagrou em vaso equilibrado e foi equilíbrio até o final dos tempos Terra registrados?

Busquemos o exemplo dos apóstolos do Cristo e continuemos.

Jesus nos direcionou quando disse: "Eu sou o caminho, a verdade e a vida", e para que pudesse ser, teria que ter tido choque da fertilidade sagrada do útero puro, e este útero mental foi Maria, pura de sentimentos, revestida de ações virgens, se fez apóstola do amor.

Além disso, José, Paulo, com sua personalidade dinâmica, havia estabelecido uma trégua às atividades mundanas para examinar os erros do passado, as dificuldades do presente e as realizações do futuro. "Precisava ajustar-se à inelutável reforma do seu Eu" *Paulo e Estevão* – segunda parte, capítulo I, pág. 209.

Esta reforma íntima requer determinação e

vontade, pois, José, todo aquele que se alista no mandato do Cristo, precisa primeiro ficar cego, o que requer disciplina nos pensamentos e direcionamento nas condutas.

Como se sente, José, podemos prosseguir?
-Sentindo-me como um molambo.

Disse ao Agenor que sim, pois recuar agora seria, mais uma vez, negar o que havia conquistado até então, que foi a coragem de rever o caminho percorrido até agora.

Levaram-me para uma sala, nesta sala havia uma enorme tela. Vou descrever como era esta tela para ficar bem fácil de compreensão de todos, pois ainda tento definir a textura do material, não consigo relatar, requer conhecimento de física e química aprofundada, mas não é esta química e física do plano terreno e sim do plano etérico.

Bem, nesta sala havia também uma máquina esquisita para projetar, em grau maior, aos meus olhos. Neste local da máquina estava bem escuro e não pude distinguir bem quem estava sentado abaixo com uma espécie de capacete Em volta deste Irmão, estavam vários companheiros em prece, lembrei-me do momento em que me ampararam formando o caleidoscópio, pois pude vislumbrar faixas de luz que emitiam, cada qual em sua tonalidade. Como a prece d' alma transforma em cores belíssimas; as cores aqui são muito mais vibrantes e intensas, nos dando o conforto total!

Nesta hora, Fabrício e Horácio se aproximaram e perguntaram:

- Podemos participar deste momento com você, José?

- Sim, respondi com aperto no coração pois sabia, eu José, que se eles se propuseram estar perto é porque algo de profunda emoção iria eu experimentar.

Agenor, por mais uma vez, elevou o pensamento e fez uma prece, tia Almeida o acompanhou sussurrando, dando uma melodia peculiar na oração:

Amado mestre Jesus, hoje de joelhos estamos diante de Ti, pois só agradecimentos devemos enviar por todos os momentos que consagraste a nós. Por reconhecimento maior de todos os momentos vividos e exemplificados por Ti, queremos hoje nos integrar aos companheiros de luta e desenvolvermos juntos na seara do Cristo - Vida.

Obrigado, Pai de força maior, pois sabemos que depositaste exemplos para todos os caminhos em um único caminho que é o seu filho Jesus.

Paz e bem.

Respirei profundamente e senti toda a minha organização física, ou melhor, perispiritual, movimentar em rotação centrífuga e depois em rotação centrípeta como se precisasse que todas as células entrassem em harmonia profunda.

Abri os olhos e comecei a ver Dolorez dando a luz a Carlinhos, que pouco tempo tive junto, mas o vi nos braços de uma mãe sofrida e marcada pelo tempo, vi lágrimas rolarem no rosto daquela que, inconscientemente, já sabia que iria ficar sem os filhos. Por uma vontade impensada pude registrar nos meus sentidos Dolorez amamentando, cena que neguei presenciar alegando falta de tempo e por estar, naqueles momentos de vida, com aqueles iguais a mim, que pela vida somente sensações pueris buscavam. Pude até sentir a respiração da mãe e do filho, e senti o elo perfeito de amor que se forma quando mãe e filho comungam o mesmo sentir, é como se fosse uma só respiração, uma só carne, um só viver. Meu Deus, quanto terei que registrar para compreender que uma mulher gera um filho e lhe dá a vida com sublime campo de amor, desprende de tudo e de todos para defender, amparar e sustentar a vida, que é a vida do Pai maior. Obrigado, Dolorez, por mais uma lição de amor que registrei neste momento e, mais uma vez, perdoe-me por falta de sensibilidade maior.

Pude registrar também Dolorez cantarolando, rodeada por Maria Joana, José Filho e Carlinhos.

Enquanto vivenciava as cenas, neste momento, por incrível que pareça, as minhas mãos queimavam e senti, outra vez, a sensação de vomitar. Horácio e Fabrício projetaram energia e estabilizei.

Perguntaram-me:

- José, prefere parar e descansar um pouco?

Somente acenei a cabeça que sim e fiquei ali sentado, imóvel, recolhendo forças para levantar e olhar para os companheiros. Ai meu Deus, que dor...

Capítulo 15

O despertar de um novo dia

Recuperei e prosseguimos o desenrolar dos acontecimentos. Naquele momento, não pude observar que o Irmão sentado debaixo daquela máquina é quem projetava, para mim, o que eu estava vivenciando. Era como se o registro estivesse na tela mental daquele bondoso companheiro de jornada que nem me interessou perguntar quem era. Fiz uma prece e recomeçamos.

Vi Carlinhos, em várias crises pulmonares, e Dolorez, por vezes sozinha, a acudi-lo, fazendo ungüentos de fubá para retirar o mal do pulmão. Poucas vezes apareci para Carlinhos, e todas as vezes que apareci estava eu com o semblante carregado e taciturno, sempre a reclamar e brigar, pedindo silêncio. Era só eu começar a bradar que Carlinhos piorava.

Comecei a ficar sem ar, descompassado, tornei a centralizar a imagem de Jesus e continuei interligado a cena. Vi eu, José, um monstro vestido de capa preta, retirando Carlinhos dos braços de Dolorez e embarcando naquele enorme navio.

Se tornou enorme nos olhos dos meninos que, mesmo aterrorizados com as minhas posturas, mais aterrorizados ficaram com o navio. Por minha vez, não queria ser incomodado pelos olhos de Carlinhos, só registros de gritos e ordens. Choramingava e tristemente ficou a imagem de Carlinhos, Maria Joana e José Filho, cena que nunca esquecerei, pois três espíritos solitários agora se encontravam. Foram vários dias com a mucama, porque eu, José, tinha mais o que fazer no navio, envolvimento sociais de todas as ordens.

Após alguns meses, chegamos ao colégio interno de Lisboa, a mucama ficaria com eles, pois o tratado seria este, para que não viessem sentir tanta falta dos pais durante o curso.

Registrei o colégio através do registro de Carlinhos, e eu, José da Cunha, senti o que Carlinhos sentiu: medo, angústia, desespero e sufoco por estar em contínua recuperação.

Um choro abafado vi nos olhos dos meus filhos ao me despedir naquela manhã fria de Páscoa, onde cada filho do vento queria os pais juntos a brindar a vida. Fico a imaginar o que os nossos filhos sentem em amplidão, principalmente hoje cujos pais, como eu, não trazem dentro de si a abnegação e trocam de moradia e de convívio, como fiz outrora. É o mesmo que trocar de roupa, ou pior, de chinelo. Tenho oportunidade de observar a intolerância circular entre os casais que hoje habitam o maravilhoso planeta Terra e oro por todos para que não venham cometer os mesmos erros que cometi.

Neste momento, pude recordar, eu, José, do alívio que senti ao deixá-los ali, parados na beira do cais, para minha liberdade de novo. É o que nós pais sentimos quando nos livramos dos filhos, entregamos a outros e pagamos por esta assessoria, meu Deus!!

Lágrimas no meu rosto começaram gotejar, sem esforço emocional algum. Continuei a ver: Carlinhos chorava todas as noites, e isto se deu por um ano, chamando pela mãe. O que eu fiz, Pai de misericórdia? Voltei lá em Monte Agreste e vi a minha mãe falecendo e eu pude vivenciar todos os dias de vida de minha mãe e Carlinhos, Maria Joana e José, não, por minha causa.

O tempo passou, Carlinhos cresceu, tornou-se advogado e historiador. Começou a centralizar a vida em busca de origens. Neste momento, já deliciava do conforto e aconchego da vovó Almeida que lhe ofertava tudo de bom e cuidados especiais.

Carlinhos caminhava nas ruas estreitas de Lisboa, pude até, através de suas lembranças, ver o famoso rio Tejo aonde os portugueses iam com freqüência passear.

Carlinhos conheceu uma bela moça professora, que se enamorou, mas não chegou contrair casamento por medo de passar pela mesma grande doença do pai, pois havia chegado até a ele que o famoso advogado havia morrido enforcado no sanatório, após um ano do desenlace da esposa Maria Dolorez.

Resolveu voltar ao Brasil e buscar as origens. Sentir o Brasil agora já sozinho, sem os Irmãos para dividir o tempo.

Neste instante contava com 30 anos, belo homem, de poucas palavras e muito observador, com um triste semblante. Assim registrei Carlinhos em Lisboa.

Capítulo 16

O despertar de um novo dia

Carlinhos sozinho agora estava no sótão da casa de tia Almeida, que nesta altura da vida já estava bem envelhecida, fraca e doente. O esposo, Tio Domiciano, já havia falecido há 3 meses e as minhas Irmãs moravam em outras cidades da Europa. Então, ele, Carlinhos, não tinha com quem dividir a angústia da solidão, trazia no ser a abnegação de Dolorez. Compassivo e amoroso, acompanhou os últimos dias de tia Almeida que viera ser a sua mãe também nesta encarnação.

Ah, tia Almeida! Como pode a estrutura do Pai ser tão perfeita! Veio ao planeta Terra um ser que, embora dando tal importância à aparência, que gostava quando jovem do luxo e da riqueza, trazia um coração imenso e ao mesmo tempo tão desprendido. Se ainda não agradeci pelo exemplo, aproveito agora. Também te odiei naquele dia na estação quando levou as minhas Irmãs e nem sequer lembrou de mim. Desculpe-me querida tia Almeida, pois naquele momento me tornei leviano desejando a morte de minhas Irmãs e a sua, mal sabia eu que seria você quem acalentaria a dor dos meus filhos, que eu provocaria.

Depois de três meses de dores maiores, tia

Almeida desencarnou. Apesar das minhas Irmãs terem sido a vida de tia Almeida, nenhuma delas compareceu ao enterro, e nem notícias Carlinhos recebeu das mesmas. Rodeado de amigos e vizinhos, ele enterrou a Tia - Avó - Mãe. Terminada para ele a ramificação familiar, deixou a casa e rumou para o Brasil.

A viagem foi longa e solitária, pouco dividia com os companheiros de navio, preferia ficar a deriva com os pensamentos. Primeiro buscava lembrar como tinha sido a viagem do Brasil para Portugal, em vã, pois era como se tivessem passados longos e penosos anos. Por mais que buscasse lembrar de Dolorez, não conseguia a imagem da mãe. Chorou por várias vezes na proa do navio (eu na cadeira presenciando o meu filho, filho que viera para unificar Dolorez e eu, abandonado ao tempo).

Desembarcou no Rio de Janeiro e surpreendime quando vi o Rio de Janeiro com a famosa Copacabana iluminada e festiva. Era época de carnaval e já bem diferente, pois carros alegóricos enfeitavam as avenidas com tiras de papéis e confetes.

Carlinhos não se envolveu com o movimento, só queria chegar a São Paulo e encontrar os registros de vida deixados por mim e Dolorez.

Por estar cansado da longa viagem, pernoitou na cidade e, no dia seguinte, providenciou chegar a

São Paulo. Viajou por mais um dia e meio e chegou à bela São Paulo, bem desenvolvida que nem parecia com a São Paulo que eu havia deixado.

Carlinhos, por ser advogado e historiador, sabia muito bem por onde começar. Foi até o fórum e pediu todos os registros que pudessem ter de José da Cunha. Permaneceu nesta pesquisa por quase seis meses, encontrou as origens e foi até o endereço aonde possivelmente encontraria a casa dos Cunha.

Enveredou pelas ruas, e eu, José, comecei, naquele momento, estremecer, pois eu tinha vivenciado aqueles momentos, momentos que, se pudesse voltar com todo o conhecimento que trago, resgataria de outra maneira, com outros pensamentos. Joguei com a vida e a vida jogou comigo, hoje estou aqui como grande devedor. Pai de misericórdia!

Bem, voltemos ao Carlinhos.

Encontrou o local aonde eu e Dolorez começamos a nossa vida. A humilde casinha ainda lá estava. Ele bateu palmas e ninguém respondeu, ele chamou e não houve respostas, resolveu abrir um portão de ferro todo enferrujado com cautela e adentrou até a varanda. A casa estava em ruínas. Abriu a porta e poucas paredes estavam de pé. Ele olhou profundamente tentando encontrar o calor de Dolorez. Como que anestesiado ele permaneceu chorando ali, parado por longas horas. Que dor, que pulsar descompensado de meu filho, pude sentir naquele momento a emanação de Dolorez sobre a cabeça do filho.

Ao se refazer, seguiu para o casarão dos Cunha. Consegui vivenciar a mente dele. Quantas perguntas pairavam, e a mais forte de todas era por que papai fez isto?

Bem, chegou até a mansão que, devido ao tempo, pertencia à família Dominique. Crianças a correr pela grama e uma bela jovem mãe a bordar no imenso jardim.

Carlinhos ficou ali parado, buscando da mente para se colocar no local daquela cena que sabia que ali, ele e seus Irmãos, não estiveram em nenhum segundo. Sentou no banco da praça que dava para a casa e ficou ali parado exatamente por mais 10 anos. Trabalhava e voltava ali, virou uma obsessão, até que contraiu tuberculose e veio a falecer nos braços de Irmãos de amor, pois Carlinhos não precipitou a vida.

Foi levado a um hospital espiritual e recuperou-se sem maiores dores. Começou logo a trabalhar como enfermeiro, receber almas tal qual a minha e retrabalhá-las para continuarem a seguir.

Emocionado eu estava ao ponto de não perceber que o enfermeiro, meu Pai, o enfermeiro de amor, aquele que me seguiu nas tantas lutas do umbral até a recuperação das câmaras, era o meu filho. Carlinhos vivenciou todo o meu processo e ainda pediu permissão para me receber e cuidar de mim. Vergonha, desespero, angústia, tudo um pouco e mais, até que tive coragem de me levantar e olhar para o Irmão que debaixo daquele aparelho me cedeu a oportunidade de conhecer o meu filho, que seria o meu reajuste. E cumpriu com exatidão, pois me reajustou no período de readaptação no hospital da consagração. Caminhei até Antônio Carlos, cambaleante, mas naquele momento eu, José, não quis nenhum amparo dos amigos. Queria alcançar com os meus próprios pés, era o mínimo que poderia fazer.

Quando olhei bem dentro dos olhos do enfermeiro, o meu filho Carlinhos, vi a luz de Jesus projetada através dos olhos daquele que eu havia aceitado como filho e o crucifiquei, dando-lhe a sentença de uma vida sozinha e sozinho de tudo e de todos.

Disse-lhe:

- Filho, me perdoa?

Ele, com toda compaixão, me disse:

- Meu pai querido, o amo e o respeito, e sei que fez tudo isto por não saber das coisas profundas da criação, por isto te respeito e te admiro.

- O que eu poderia falar, a não ser obrigado, meu filho!

- Pai, chega de tempos perdidos. Temos que agora ajudar José, o seu filho e meu Irmão, porque Maria Joana está bem e queremos ver José bem!

- Sim, meu filho, diga-me o que tenho que fazer, que farei.
- Primeiro descansar, depois recomeçar as tarefas de amor.
- E depois?
- Depois, meu pai, só o Pai Maior o sabe.

Olhei para Horácio, Fabrício, Agenor e tia Almeida e falei:

- Acho que não sei andar, pois não sinto mais as minhas pernas.

Horácio falou:

- Acalme-se José, tome esta água e vai dormir. Amanhã estaremos juntos, por hoje descanse.

Capítulo 17

- Como está, José? Hoje completam-se os três dias e o tem todo para se organizar e desenvolver o caminho a tomar. Vamos ao alimento da alma, busquemos as palavras da sabedoria e nos guiemos!

- Sim, Agenor.

Neste momento Agenor abriu a sagrada escritura e a colocamos, nos dizeres próximos dos Irmãos, para que as palavras venham fluir em compreensão de luz maior.

Agenor abriu em Corintos 7, justamente no que refere ao casamento. Senti um arrepio subir por toda a minha alma quando ele falou:

- Queridos Irmãos, Paulo, o sábio, transcreveu aos corintos o grande problema do casamento e do celibato com sabedoria e nos deixou a diretriz perfeita da conduta que deveríamos ter enquanto encarnados. O homem respeitaria o lar que houvesse almejado, sendo assim fiel e único à esposa, e a mulher tomaria o mesmo rumo. Por não querermos compreender que Jesus nos direcionou em todos os momentos, atropelamos e adulteramos as palavras sábias de Jesus.

Negligenciamos a escalada da ascensão espiritual por ainda deixarmos os nossos sentidos menos evoluídos tomarem conta do nosso espaço de evolução, estagnamos de encarnação a encarnação, não deixando o reflexo do Pai refletir na nossa célula mental e estagiamos na inércia do hoje.

O casamento deveria ser muito mais do que corpos entrelaçados para saturarem energias, deveria, antes de tudo, ser o santuário dos espíritos em evolução, mas o homem se deixa inferiorizar alegando não ter controle dos impulsos naturais do organismo e ainda acrescenta que é o corpo cedido pelo Pai. Utiliza do nome do Criador para se defender das faltas cometidas, tornando-se assim blasfemador da estrutura do Pai, tudo em nome do Criador.

Quanto ainda teremos que utilizar do desculpismo para abafar as nossas faltas de atitudes alicerçadas nos parâmetros inferiores! Nos dói profundamente, José, vermos Irmãos queixarem existências sendo que tantos almejam estar estagiando para a evolução íntima. Nos dói, querido Irmão, ver que os homens sempre buscam com as próprias mãos os caminhos tortuosos sendo que o caminho da simplicidade, obediência e amor é o que conduz ao centro vital de cada um.

Por que será que ainda me pergunto, José, que os Homens trazem dentro de si a necessidade do bezerro de ouro e do cultivo da erva daninha, se Jesus trilhou o plano Terra já há 2000 anos?

O despertar de um novo dia

Quantos ainda terão que registrar a marca do desprendimento para exemplificar para a humanidade o que todos já estão enfarados de saber?

Quanto teremos que ainda orar, chorar e utilizar do perdão para compreendermos o que é amar?

Será que não podemos aqui e agora mudar as nossas diretrizes e caminharmos mais solícitos para conosco mesmo? Será que não é hora de abrandarmos os nossos desejos perecíveis e irmos ao encontro do duradouro que é amar ao Pai sobre tudo e todos? Porque assim agindo estaremos amando a nós mesmos, e amando a nós mesmos estaremos amando o próximo.

Eu, José, somente escutava e chorava, não conseguia sequer erguer os olhos para Agenor, Fabrício, Horácio e tia Almeida. Em silêncio, neste momento, todos nós permanecemos, foram exatamente três minutos, que me pareceram 300 milênios. Como o tempo é interessante, quando estamos sob pressão não sentimos o tempo passar, parece que ficamos paralisados num espaço de tortura mental imenso, tal como um redemoinho; é a própria centrífuga de pensamentos descompassados tomando vulto, depois forma, por fim, a arma esmagadora da mente. Mas quando estamos supostamente realizados com os atos de prazer, o tempo voa, como uma forte ventania, e não damos conta do tempo.

Após este instante o ambiente inundou com um perfume embriagador de flor de laranjeira, registrei Dolorez, a minha amada Dolorez, meus olhos começaram a gotejar. Carlinhos chegou na porta e disse:

- Papai, oh! papai, olhe quem eu trouxe!

As palavras "papai, oh! papai" foram ao mesmo tempo benção e punhalada, amor e medo, alegria e tristeza de ter negado a mim e aos meus filhos do tempo o perfume da vida, porque a esposa, quando amada, é o perfume do lar, quando respeitada, é o esteio do lar, quando bem dita, é a luz maior, e eu, por orgulho, não desfrutei da benção do Pai de ter concedido Dolorez no meu caminho. Naquele momento me senti envelhecido do tempo.

Levantei lentamente a cabeça e olhei nos olhos de Antônio Carlos, profunda expressão havia neles, e ele disse:

- Papai, a sua amada, aquela que tanto chamou, eu a trouxe para o senhor.

O filho que tirei dos braços da mãe hoje, de braços dados a ela, vem ao meu encontro. Que lição dura, meu Pai, o que fazemos, o que sentimos, o que somos?

Os vi por entre a porta e a silhueta de Dolorez vestida que nem no nosso casamento, ela sorriu e começou a direcionar-se para mim, levantei-me e não

O despertar de um novo dia

suportei, desmaiei, aplicaram-me passes magnéticos e me fortaleceram com água.

    Voltei abrir os olhos e Horácio disse:

    - Deixemos os dois a sós. Se precisar, José, nos chame.

Capítulo 18

O despertar de um novo dia

Bem, todos os queridos Irmãos não podem avaliar o que é estar diante daquela a qual, com as próprias mãos, retirei a vida. Em todos os sentidos danifiquei a minha esposa querida, danifiquei a expressão de amar, danifiquei a expressão de ser mãe, danifiquei a expressão de ser mulher por várias vezes por não querer escutá-la.

Senti a nobreza da alma a estar ali por um ato de amor, compartilhando a etapa de aprendizado maior. De cabeça baixa fiquei a olhar os pés de Dolorez e voltei mais uma vez no tempo, naquela porta rangendo e abrindo delicadamente e os pezinhos de anjo despontando por entre a porta com seu vestidinho primaveril, os cabelos dourados, e neste decorrer vi Dolorez sentada à varanda, qual Irmã, dividindo o espaço comigo, José menino, que por detrás ocultava o meu mal direcionamento. Em seguida vi o meu casamento, os filhos e Dolorez no leito morrendo. Quando voltei, vi que havia se formado aos meus pés uma pocinha de lágrimas, e como ainda posso trazer dentro de mim lágrimas! Lágrimas estas que se confundem com alegria, tristeza, emoção e dor, quanto eu José, perdi! Neste instante, Dolorez manifestou:

— José, meu amado Irmão, companheiro, esposo, José, como está? Estive este tempo todo orando e pedindo aos céus que removessem a poeira de seu ser para que pudesse clarear os seus sentidos e vejo que a casa está limpa e saudável (casa esta referida mental) e que agora pode reorganizá-la, não é mesmo querido?

— Oh! Meu Deus, como te olhar? Desejei tanto este momento e me parece que a corda no meu pescoço está a me sufocar, sem me deixar erguer a cabeça, perdoe-me, Maria Dolorez.

— José querido, perdoar do quê? Você só me fez crescer, pois o período que você hoje julga que eu estive só, em sofrimento, foi a escola pela qual eu precisava passar para compreender melhor as atitudes que nós próprios praticamos. Se a sua mente conclama paz, e esta paz é a palavra perdão, eu te perdôo, mas agradeço os momentos de experiência que tive ao seu lado, querido.

— Como podes falar assim, pense...

— Silencie sua mente, José, e vamos aproveitar este sagrado instante a nós concedido. Não tenho muito tempo, pois pedi para retornar ao plano Terra e preciso me preparar, estudando um pouco mais. Todos os momentos são sagrados quando já compreendemos que o Pai da criação não perde sequer um segundo de respiração, então começamos a dar

O despertar de um novo dia

valor a todos os milésimos de segundos a nós ofertado. Estarei encarnando em breve e continuarei a desfrutar do ramo familiar.

- Como? Quando? Por que, Se esperei tanto para ficar com você e você me recebe despedindo?

- Sim José, o tempo é o melhor remédio para compreendermos que estamos em constante burilamento e este burilamento requer disciplina. Aqui não nos impõem nada, mas nos aconselham, e chegou o momento do reencontrar a carne física que é a melhor escola para podermos exercer o que aqui aprendemos.

- Quanto tempo teremos?

- Teremos a eternidade, porque ninguém se desfaz, somos eternos, mas neste convívio poderemos ficar por dois dias até que a próxima visita chegue até a você.

- Receberei outra visita?

- Sim querido! José posso lhe abraçar?

- Mereço o seu abraço? Aquela que por tantas vezes pediu-me com os olhos o aconchego e hoje sou eu que preciso da sua compaixão e compreensão, não sei se sou digno do teu calor, mas se for aproxime-se de mim, pois não consigo erguer as minhas pernas.

- Deixe disso José ou será necessário que Antônio Carlos venha te conduzir?

- Como pode a vida nos ludibriar tanto?
- Não, José, não é a vida, somos nós mesmos.
- Sim, tem razão.

Quando Dolorez me afagou senti o perfume das flores da laranjeira. Ficamos assim por dois dias, que foram um abrir e fechar de olhos (por isso, queridos Irmãos, não deixem a vida atropelar os melhores momentos, momentos estes que, quando um dos companheiros de jornada pedir o aconchego, doem-se, pois muitas doenças não tomariam campo se todos nós desprendêssemos de nós mesmos pelos companheiros ou companheiras). Quando abri os olhos de novo, vi mamãe, minha mamãe.

Dolorez não vacilou ao aproximar-se de mim, mas mamãe, trêmula também ficou. A olhei bem nos olhos e a vi magra, com os ossos sobressaindo e dizendo "seja forte José"!

Dolorez me deu a mão e disse: Vamos, José, vou te levar àquela que lhe deu o direito de vida nesta última encarnação e que lutou como guerreira pelo filho até agora, e neste momento, José, aproveito para me despedir.

- Como Dolorez?
- É chegada a hora, os superiores me chamam e devo ir porque o Pai, infinito de misericórdia, nos concedeu estes momentos de suavidade e amor, agora se faz cumprir o dever.

O despertar de um novo dia

- Demorei a ter o sabor de estar junto de você e você agora já vai.

- Não, José, não diga isso, o Pai é perfeito, nós é que ainda não compreendemos.

- Quantas emoções ao mesmo tempo, preciso de tempo.

- José, sempre precisando de tempo! Agora seja um bom menino, me dê um beijo e até breve, afague a sua mãe e aproveite este tempo. Que Jesus nos una nos laços duradouros.

Vi Dolorez sair por entre a porta da saudade e a porta da conquista, pois ela saiu de cabeça erguida do ato concretizado. Que Jesus abençoe Dolorez!

Abracei mamãe e nesta hora tanto ela como eu choramos, choramos de saudade, de felicidade e de agradecimento.

Capítulo 19

O despertar de um novo dia

Bem, neste momento no qual mamãe e eu nos abraçávamos, pude recordar, e ela também, dos momentos de felicidade que desfrutamos juntos. Ela falava o tempo todo e eu chorava. Por bondade, ela somente falou dos momentos agradáveis, dos atos positivos que eu exerci, me fez naquela hora enxergar que bom também o fui e que tivemos momentos de realizações positivas.

Estagiei, vivenciei e experimentei uma encarnação que pouco melhorei e que seria necessário o reajuste o quanto antes.

Após este momento de reflexão maior, mamãe, com toda candura, disse:

- Bem, José, chega de choro e vamos sorrir.

- Sim, mamãe, quanto almejei por este momento, quanto quis afagar os seus cabelos, beijar a sua face, apertar as suas mãos, sentir de novo o seu calor, seria bom se pudéssemos ficar assim (neste momento me senti como um menino pedindo colo, pois era isto que eu queria. Se pudesse retornaria ao útero de mamãe e recomeçaria com mais paciência e amor, tive todas as oportunidades e não soube aproveitar, tive todo o tempo e não soube trabalhar, tive todos ao meu lado que iriam me ajudar a evoluir e não compreendi, tive a graça da reencarnação e neguei a concessão do Criador).

Sabia eu que logo mamãe também teria que seguir, e perguntei:

- Terá a senhora que seguir tarefas também?

- Sim, José, não posso ficar muito tempo com você, estou em tarefas nas áreas onde a dor é imensa e não posso ficar afastada por muito tempo.

- Mamãe, pode me relatar sobre as meninas?

- Sim, José. Mas antes falarei sobre o seu pai. Ele já se encontra na experiência da carne de novo, nasceu com uma deficiência no fígado porque se faz necessário esta recuperação perispiritual pois tudo que dilaceramos teremos que ressarcir, mas ele está indo muito bem. Tenho a oportunidade de acompanhar sua encarnação e posso inspirá-lo para que tenha paciência e firmeza, o que até agora, após os setes anos de encarnado, continua muito bem no seu propósito, tem lutado bravamente.

As suas Irmãs estão nas tarefas de amor e não podem chegar até você por agora, somente Ernestina, como já sabe.

Bem, José, não podemos conversar mais. Os superiores já me chamam e devo seguir. Antônio Carlos o aguarda para seguirem juntos ao jardim de Josias que agora é sua responsabilidade.

- Mamãe.

- Sim, José.
- Como funciona o reencarne?
- Bem, José, peça a Horácio para lhe explicar, ele tem mais conhecimento e eu não posso mais permanecer, tenho que seguir as ordens. Beije-me meu filho e que o Bom Pai lhe dê força para reflexões que virão.
- Sim, mamãe. Quando a verei de novo?
- Em breve, José, em breve e juízo, filho, juízo.
- Sim, terei.

Mamãe saiu e eu fiquei a meditar enquanto Antônio Carlos, o meu Carlinhos, não chegava. Tentei organizar a mente quando senti aquela bela sensação de paz, de mais uma missão, ou melhor, experiência superada. Agora era só aguardar o tempo devido e recomeçar, estamos sempre recomeçando e como é bom recomeçar. Obrigado, Pai de bondade!

Nesta hora exalei dos meus poros e lábios uma oração:

Pai,
perfeito na criação
perfeito no permitir o reajuste
perfeito na harmonia
perfeito no contexto da inteligência com os Irmãos
perfeito no pulsar a vida,

perfeito no criar,
pois tudo vibra a favor de todos os seres,
nós é que vibracionamos descompassados e nos perdemos.

Mas, pela sua perfeição, outras oportunidades nos são dadas, e cabe a nós torná-las perfeitas, por isso Jesus disse:

"Sejamos perfeitos tal qual o nosso Pai o é".

Capítulo 20

O despertar de um novo dia

O tempo do espírito é como uma pérola, é preciso uma concha, na qual incrustada se encontra, para o tempo lapidar através dos embates das águas, fazer sacudir e transformar numa concreção magnífica a pérola que depois reluz nos olhos de todos.

Se soubéssemos o valor do tempo, não deixaríamos a nossa casca ficar tão endurecida e removeríamos a crosta com maior sapiência.

Bem, agora, eu e Carlinhos estamos sentados no banco do jardim de Josias. Vim a saber, neste ínterim, que Antônio Carlos tinha sido o bisavô de Maria Dolorez e que veio ao tempo - carne como filho para unificar o que julgava capaz de realizar, pois Maria Dolorez, a bisneta amada e que pouco vivenciou ao lado dela, inspirava um afeto maior. Como os laços são de precisão e como o tempo é adequado a todos.

Hoje podemos, eu e Carlinhos espírito, dividir experiências e respeito, amor e fraternidade. É bom sentir o calor de Carlinhos, é bom saber que hoje compartilhamos o tempo como cúmplices do tempo e que seremos tempo em ação.

Horácio se aproximou neste tempo e me perguntou:

- E aí, José, sente-se melhor, está pronto para seguir um passo a frente?

- Acho que sim, pois agora estou liberto e sei por onde recomeçar.

- Que bom, e por onde recomeçará?

- Bem, primeiro quero saber como se reencarna, e a quem eu peço para retornar ao veículo corporal e como farei para ressarcir o que danifiquei.

- Opa! José, calma, vamos por partes.

Bem, reencarnar requer muita disciplina, desde que já conhece tão bem o passado, não é? Precisa trabalhar bem o íntimo para, na hora de fazer a sua escolha, seja ela bem consciente, pois vejo que está próximo o preparo para que tal venha acontecer. Exigirá de você bastante abnegação, não é?

- Sim, creio que sim, mas como é reencarnar?

- Bem, José, iremos, no momento oportuno, pedir aos superiores e você, pelo grande conhecimento conquistado, poderá escolher como quer voltar.

- Como assim? Poderei pedir?

- Sim, José, do mesmo modo que pediu para casar com Dolorez, poderá outra vez pedir aos superiores para reencarnar, mas tudo ao seu tempo. Primeiro precisa ir às salas de readaptação.

- O que é esta sala de readaptação?

O despertar de um novo dia

- São salas na qual candidatos a novas experiências experimentam alguns movimentos dos Irmãos pelos quais poderão reencarnar no meio familiar. Como o Pai Supremo é justo e benéfico, nos permite a escolha quando temos tempo - vida conquistado, aí podemos escolher com quem queremos nascer, mas desde que seja um motivo justo e não fútil. Porque, apesar de estarmos na erraticidade, ainda assim, por vezes o medo ou orgulho fala mais alto e escolhemos o que não nos é conveniente.

Os superiores entram em acordo e nos explicam que esta experiência é muito forte para a nossa conquista e que é preferível trocar. Por vezes os espíritos não aceitam as orientações e quedam mesmo antes de conquistarem os primeiros passos seguros da encarnação, se fazendo necessário outra oportunidade naquele setor.

- Quando tempo leva, Horácio?
- Depende de cada um, como em sua mente o que é palpável é o tempo - Terra, falarei neste teor: alguns levam meses, outros anos para decidirem, mas todos no seu turno vencem a etapa da readaptação.
- Horácio, é dolorido encarnar?
- Cada um recebe com peculiaridade própria, porque cada um é um. Não existe padrão para esta transição de estado, pois se fosse assim seríamos seriados e não únicos, concorda?

- Sim, depois deste esclarecimento, sim. Quando começo a enfrentar esta sala?

- Bem, José, peço que primeiro termine o segundo ciclo do evangelho. Após este período levaremos você até as salas preparatórias. Que Jesus lhe abençoe todos os momentos, meu Irmão!

- Horácio, só mais uma pergunta, pode ser?

- Sim, José, quantas mais forem necessárias.

- Horácio, você será o meu companheiro de novo, estará disponível a me acompanhar neste momento? Parece que não serei capaz de caminhar sem a sua emanação.

- José, querido Irmão, não se preocupe com isto agora, somente centre nos estudos, mais na frente falaremos sobre isto. Que Jesus lhe fortifique, companheiro!

- Que assim seja!

Capítulo 21

O despertar de um novo dia

Encontrava eu agora finalizando o II ciclo do evangelho, e o instrutor, o qual nos conduziu o tempo todo, nos levou a um passeio fecundo e maravilhoso no tempo que, ao mesmo tempo, nos parecia que era hoje. Como somos pequenos e não compreendemos que os momentos são apenas fragmentos de um circuito. Por que nos permitimos permanecer nos fragmentos? Nos perdemos por não direcionarmos com galhardia a vida!

Se já pudéssemos compreender que estamos todos inseridos num único espaço evolutivo não estacionaríamos num arco somente e sim faríamos do nosso experimentar um belo cone, pois o cone tem a base larga e afunila para nos permitir a passagem pela porta estreita. Mas insistimos em fazer do nosso cone aros desassociados, dessa desassociação nos entregamos a outro que se encontra no mesmo circuito de desassociação e fortificamos os aros nossos e dos Irmãos.

Quantos aros que preciso recuperar para reencontrar o meu cone de ascensão?

Figura 1: A evolução de cada um de nós pode ser representada através de um cone formado por aros sucessivos. Cabe a nós explorar completamente cada aro para podermos, através da aquisição de experiências salutares, depurar as nossas energias e galgarmos o aro seguinte.

Porém, durante a nossa evolução, muitas vezes nos negamos a evoluir e estagiamos em apenas um aro da vida, ignorando as palavras do Cristo-Jesus.

O pior é quando estagiamos apenas em uma parte deste aro, desconhecendo por egoísmo o caminho combinado por nós mesmos com nossos tutores

Mas como o nosso instrutor mesmo nos direcionou através das palavras de Paulo aos Coríntios 8 – 3-4:

"Sou testemunha de que segundo as suas forças – e até além das forças – contribuíram espontaneamente, e pediam-nos, com muita insistência, poderem se associar neste socorro destinado aos Irmãos".

Só agora posso compreender que este Irmão somos nós em primeiro plano pois quando nos propusemos caminhar em comunhão com o Cristo-Jesus estamos ajudando a impulsionar os outros Irmãos através dos exemplos, e decidido eu agora estava em direcionar a mim mesmo e seria, assim, reflexo de luz aos Irmãos.

Como é belo o caminho traçado pelo Cristo e pelos fiéis apóstolos do bem!

Já haviam passado 13 anos tempo - Terra, e por ter tido oportunidade de reencontrar com alguns dos meus afins, estava apto a conversar sobre a proposta do reencarne. Pedi ao Horácio que intercedesse junto ao ministro que administraria o meu recomeçar no corpo físico e fui aceito, mas teria que estagiar naquela sala na qual observaria todos e meditaria sobre a proposta de volta ao campo terreno.

Permaneci neste envolvimento por mais 15 anos, pois seria uma encarnação de prova e expiação na qual eu José enfrentaria as dores no corpo, e estas dores poderiam ser intensificadas ou não, dependeria da minha aceitação.

Neste ínterim fiquei entre a erraticidade e as visitas ao plano Terra, conversando com aquela que me aceitaria como filho.

Após longas entrevistas e reajustes, chegamos

a um acordo. Seria realizado o meu reencarne. Dolorez me aceitou como filho, casaria com um companheiro de jornada e formaria um lar para receber a mim pois, devido a minha fraqueza espiritual, eu pedi para encarnar com deficiência física e ficaria impossibilitado de andar, levantar, ficaria ao leito para não cometer mais nenhum dano a mim mesmo, mas para tão dura prova precisaria de uma mãe de valor espiritual inigualável e Dolorez, a minha Dolorez, me aceitou como uma mãe aceitaria um filho arrependido do tempo.

Agora, era o momento de perguntar o que eu havia guardado para retornar a Horácio. Sentado no banco do Jardim de Josias, que agora se tornava responsabilidade de outro Irmão e que as begônias estavam todas enfeitadas de novo, perguntei a este amigo, Irmão e companheiro:

- Horácio, você irá me acompanhar nesta encarnação, inspirando-me?

Horácio me olhou profundamente e disse:

- Sim, José, mas pedi aos superiores que me deixassem encarnar logo após o seu nascimento para caminhar encarnado junto a Dolorez e a você. Pelo tempo encarnatório que se propôs, de 20 anos, e com toda dificuldade que irá enfrentar, irei logo após. Assim juntos seguiremos a máxima "Fora da caridade não há salvação".

Silenciamos...

CONCLUSÃO

Queridos Irmãos, o que passou e o que registramos só a nós pertence, mas, por tanto falsear o caminho, pedi aos superiores do bem que me deixassem relatar uma passagem, uma simples passagem de minhas vidas, para dizer a todos que coabitam o corpo que realmente como Horácio, o meu companheirão, citou: fora da caridade não há salvação. Esta caridade é para conosco pois se formos caridosos com o nosso ser estaremos sendo caridosos com a criação e sendo caridosos com a criação estaremos contribuindo para impulsionar a evolução coletiva, porque sequer um ato realizado ficará oculto do Pai.

Que os nossos atos sejam, daqui por diante, de amor, caridade e fraternidade.

Que estas páginas venham impulsionar a mim e aos Irmãos, pois, com todos aqueles que através deste envolvimento se propuserem a caminhar nas pegadas do Cristo, estaremos juntos emanando forças de que vale a pena ser a gota de luz tal como a minha Dolorez o é em uma única flor de Laranjeira.

QUE JESUS ABENÇOE A TODOS.
JOSÉ

ANOS DEPOIS

Capítulo 1

O despertar de um novo dia

Continuo eu, José, sentado no Jardim de Josias estudando mais sobre a vida. Vida mesmo, caro amigo leitor, pois é vida que impulsiona a vida. Posso delinear com a bondade do Pai no perfume das flores que cobrem o jardim de Josias. Josias, por caridade maior, me pediu para por ordem no canteiro, por eu ser advogado (lembram?). E a ordem, hoje compreendo, era para a minha auto educação. Como às vezes julgamos que a disciplina está nas grandes coisas terrenas! Mas, na verdade, está nas pequenas espirituais, pois Cristo, na sua grandeza espiritual, busca os pequeninos, e nós, na nossa pequenez, buscamos a elevação nas grandes realizações materiais.

Pedi permissão para fixar uma placa em homenagem a Josias no canteiro e foi me dada a permissão, mas o primeiro ministro me disse:

- Querido José, no mundo espiritual não se faz necessário este procedimento, mas se assim desejar, vá em frente.

E assim o fiz, idealizei uma placa com o nome do enfermeiro das almas, Josias, porque ele, ele mesmo, embelezou as almas que por aqui passaram por vinte anos e eu particularmente só tenho que agradecer, pois foi me dado uma oportunidade de crescimento imenso e já está próxima a hora de outro assumir o jardim, pois, em breve, reencarnarei. Tenho refletido muito nos dias vindouros e por vezes acompanho Dolorez, agora filha de homem de posses cujo berço é na Austrália. Todo conforto assim ela traz, pois o pai, amoedado e bem quisto, educa Dolorez para profissionalizar com grande êxito. Casará no futuro próximo com um incansável amigo que estende os braços para mim por mais uma vez, relato em lágrimas, porque, devedor como sou, rogo ao Pai força, coragem e discernimento.

Horácio continua nas tarefas de amor e continuará até eu retornar ao corpo físico pois, logo em seguida, seguirá para o reencontro da trindade familiar. Sinto-me às vezes enfraquecido e temo não ser suficientemente forte para suportar tal momento, mas como Jesus nos ensinou, a oração é o sagrado remédio para todos nós, então oro. O enfermeiro Antônio Carlos, Carlinhos, também já se encontra no processo da vida terrena, pois ele, pelo amor incondicional que traz, se voluntariou para ser o meu esteio no futuro próximo. Como foi lhe dado a permissão de reencarnar bem antes do meu reencontro com o físico, nas horas de descanso encontra espaço para retornar ao nosso meio e compartilhar também do meu processo preparatório à reencarnação. Sagrado Antônio Carlos!

José Filho, ah meu Deus, este ainda carrega consigo a revolta e procura não se encontrar comigo. Como ele se assemelha a mim! E como poderei eu abrir-lhe o coração? Fabrício o orienta como a mim, terapia familiar e sempre brinca comigo: pai desajustado, filho complicado, não é assim, José? E ele não cansa deste alerta, porque os estágios em outros planos são nada mais que a continuação das nossas vidas e só podemos aprender se nos propusermos a reforma íntima, e esta reforma exige persistência e amor. No início, estas palavras de amor me incomodavam, mas agora compreendo e caminho. Carlinhos nas horas de repouso físico continua na missão de ajuda aos necessitados como José Filho.

Além de cuidar do jardim, já estou na limpeza do consultório de Inácio e do hospital, tarefas que faço com satisfação. Maria Joana cuida das crianças que completam o momento vida Terra. Mãe vem sempre até a mim e me dá as devidas forças para o reajuste. Ela ficará e será a minha mentora, mamãe minha mentora, que paciência de mãe, Irmã em Cristo, Fabrício lhe dará cobertura e tia Almeida intercambiará para que tudo venha concorrer da melhor maneira.

Como é complicado o processo do reencarnar, ou melhor, do voltar ao plano Terra quando somos prisioneiros de ações tão pesadas como as minhas, requer todo um preparo, preparo este de todas as ordens. Quero deixar bem claro que esta passagem da minha vida foi escolha minha e que cada caso é um caso.

Bem, começamos a visitar o laboratório de readaptação para o retorno a Terra. Visitei esta sala por um ano consecutivo, pois teria eu que estar bem consciente da minha vida no plano Terra e toda a estrutura que estaria eu sujeito a enfrentar. Como é perfeito tudo na criação, como as células do nosso corpo perispiritual registram tudo e como fica arquivado no nosso centro de informação tudo vivenciado. Estava eu, José reestruturando, ou melhor, assistindo meus companheiros construtores adaptando o meu reencontro com a carne.

Tive a oportunidade de ver que a ligação que ia acontecendo com Dolorez era também doloroso para ela, pois foram necessárias várias adequações uterinas para suportar alguém como eu, tão pesado ainda de questões deletérias que só uma mulher seria capaz de suportar. Pois é sim, filhos, as mães fazem a primeira preparação energética liberando o campo íntimo para nós, filhos, coabitarmos o plano Terra.

Uma alma de teor de amor elevado somente é capaz de conceber um filho quando se permite à modificações profundas, dando oportunidade de adensamento do físico. Sustentar filhos como eu, ainda necessitados do apoio energético, é mais trabalhoso ainda.

Dolores, alma eternizada de amor, concedeu a vida a um filho necessitado, transpondo a si mesmo e se encarregando de fortalecer o próprio campo com os nossos incansáveis amigos de luz.

Isto ocorre com todas as almas femininas que acolhem os filhos do tempo necessitados do reencontro com o físico. Busquemos as orações de fortalecimento maior a todas as mulheres que assim tal como luz Maria nos deixou os laços fecundos de amor.

Ah se as mulheres tomassem consciência da nobreza de gestar, cuidariam melhor do corpo íntimo, pois são verdadeiras usinas de luz encaminhando, por vezes, quem no reajuste está, como eu naquele momento estava!

Como é belo poder ver que o Pai nos oferece oportunidades maiores! E nós ainda não utilizamos com amor estes momentos.

Por outro lado, ordens mentais. O meu futuro pai, que agora revelo, Padre Agenor, se sujeita ao reequilíbro energético mental. É ele mesmo, o homem de saia, agora meu pai benfeitor por amor.

Jesus, rogo a ti, pela grandeza que traz, que me alimente na bondade divina para fazer jus ao contexto ao qual me é ofertado.

Bem, começo agora as despedidas, como é doloroso este processo, porque precisamos superar a nós mesmos e chegarmos diante dos amigos e pedir que orem por nós, os reencarnantes devedores. É triste deixar para trás o conforto da alma e ter a consciência de que iremos navegar na obscuridão dos nossos sentidos. Fui até o prédio onde são realizadas as aulas doutrinárias, só para despedir de Pat.

- Oi Pat, tudo bom!

- Sim José eu estou ótima, ainda mais com a última noticia, que no nosso grupo é motivo de festa.

- Ah é, qual é a nova?

- Não sabe? É sobre você mesmo. Já temos consciência de que em breve voltará ao plano Terra, e com júbilo agradecemos ao Criador o seu retorno ao reajuste. Vai meu amigo, não olhe para trás, é só lembrar de Jesus dizendo a nós, os enfermos, após receber um auxílio para a caminhada, "Vás e não peques mais", pois é, José, caminhe porque no seu túnel só luz pode enxergar.

- Continuo afirmando, como pode todos serem bons, como agradecerei ao Pai pela sua existência amiga?

- Somente orando por todos nós, vá e dê um beijão na sua Dolorez por mim.

Os pensamentos tornavam a me assolar:

Como eu, José, conseguirei vencer a mim mesmo, tenho tanto a aprender. Como as mulheres são mais desprendidas do que nós os homens, será que a estrutura mental do espírito que já trouxe a experiência como mulher trás a amplitude mental com maior capacidade para amar? Quando atingirei este estágio, meu Pai? Sobre os questionamentos, sou apanhado pelo Horácio, que me interrompe dizendo uma verdade que jamais esquecerei:

- Querido Irmão, o Pai não faz nenhum filho melhor do que o outro, ele oferece a mesma condição a todos nós, mas as mulheres, por maior disciplina, alcançam a abnegação primeiro e é lindo, pois um dia, por beneficência do Criador, estaremos todos nós no mesmo patamar de libertação.

Caminhemos, muito temos que fazer, chega de despedidas, não vou dizer que sentirei a sua falta, porque, em breve, estarei dividindo o espaço físico com você, meu eterno Irmão. Que o Pai de Luz maior conceda um raio forte de amor e a sua fecundação seja regida pelas sublimes energias do Cristo – Jesus.

Capítulo 2

O despertar de um novo dia

Encontro-me na ante-sala sendo preparado pelos dedicados amigos, lágrimas nos olhos como sempre, como é tudo doloroso quando ainda somos apegados. Agora estou apegado a este espaço e temo pelo reencontro com o corpo físico, mas oro intensamente para forças poder ter e vencer o tempo Terra.

Fabrício calorosamente me aquece com um forte abraço, Antônio Carlos (o Carlinhos) ao meu lado o enfermeiro do Cristo também está. O administrador começa a relembrar-me sobre as minhas pegadas no plano Terra.

- Bem, José, estás bem ciente de que a sua gestação será um pouco dolorosa, pois terás que sofrer algumas alterações no código genético, por escolha própria.

- Sim, estou e não me arrependo, quero vencer mais rápido e sei que não estarei de férias e sim de trabalho intensivo de regeneração. Só de ter a consciência que a minha Dolorez se ofereceu para me receber como filho e sofrerá, como já começou na purificação uterina, como posso recusar ou recuar a prova?

- José, na hora do parto sofrerá algumas interrupções de oxigenação que ocasionarão um pequeno estrangulamento, inibindo, assim, algumas informações devido à quebra da ligação da coluna vertebral com o cérebro, e você permanecerá na cama toda a sua encarnação, evitando assim a síndrome do suicídio.

- Sim, estou bem consciente agora e espero, após o momento do adormecer da memória registro e do iniciar a formação da memória da encarnação, que eu não venha me arrepender porque pedi e torno a afirmar o meu desejo, sei que permanecerei por mais ou menos vinte anos na cama a serviço de Dolorez, Agenor e Horácio. Que o Pai dê a eles eterna força de me conduzir ao calvário das minhas próprias ações.

Sei também que sofrerei hemodiálise, pois terei que restituir os rins e terei dificuldades no processo do fígado, e tenho também consciência de que sofrerei uma cirurgia sendo necessário retirar um pedaço de meu estômago e terei que ser submetido a alimentação através de sonda. Só peço a vocês que, quando cansado estiver, retirem-me do corpo através do sono profundo e me animem para que eu não venha pedir para desencarnar antes do percurso concluído.

- Muito bem, José, que os bons amigos espirituais te acompanhem. Ficará neste leito para o devido preparo e em breve permanecerá em sonolência por três meses, tempo de adaptação. Durante este período, vigília será a ti ofertada.

Bem, nesta altura, na Terra, Dolorez, que vem com o nome de Jenifer, e Agenor, Pierre, estão em grande conversação sobre ter ou não um filho por agora, e são inspirados que é o melhor momento. Jenifer, doce amiga, sempre trazendo a essência sublime de paz, diz a Pierre:

- Querido marido, não sei bem como lhe explicar mas sinto que é hora de engravidar.

- Já vem você com estes pressentimentos querida, não acha que tudo é de sua cabeça?

- Não importa o que pensa, mas sei que é chegada a hora e, não sei porquê, teremos que ter muita paciência. As cólicas acentuadas que registrei nestes três meses... é como se fosse uma aviso de que em breve estarei grávida. Sonhei outra vez com aquele homem me pedindo ajuda e tenho que ajudá-lo, não sei como, só sei que será bem difícil, no sonho ele não me causa medo, é como se já o conhecesse, mas não me recordo de onde.

- Tudo bem querida, deixe o tempo responder e não se preocupe com mais nada. Vamos às compras pois estamos próximo ao natal e quero deixar tudo organizado, evitando as atribuições dos momentos finais.

Em meio aos momentos festivos de final de ano, eu, José, em sonolência, registrava todos os passos de mamãe Jenifer. Os cuidados mentais que ela trazia me davam já o conforto do descanso justo. Na semana do final de ano, recebo as primeiras impressões da fecundação, agora era só esperar o tempo justo de nove meses para que a vida terrena pudesse eu experimentar de novo.

E o que é esta gestação? É o mesmo que a condensação de um universo de células masculinas com todas as informações indo ao encontro da célula vida feminina. No universo o mesmo se dá, uma gestação em momentos de total resfriamento, para que possa haver uma cumplicidade de harmonia, e depois a auto-concentração de calor aquecendo e gerando a vida, que ocorre alguns anos após a explosão, para habitação dos filhos do Pai. Assim é o corpo feminino, um condutor de um universo novo que permite a vida surgir. Através de gametas surge a vida, como é tudo harmônico e belo, somos micros por isso precisamos ainda renovar com maior envolvimento, chegaremos um dia a sermos totalmente cúmplices do macro e aí estaremos em rotação adequada e realizaremos com maior sabedoria as coisas do Pai.

Bem o tempo passa em total felicidade, Jenifer recebe durante a noite estímulos constantes para que possa continuar a sublimação e para ela, que já conhecemos, será muito difícil quedar. Pierre também recebe durante a noite ensinamentos de postura paterna (assim ocorre com aqueles que o propósito de amor aclama concórdia e harmonia, porque o Pai maior é justo e ampara a todos nós, filhos, que, por rebeldia, nos afastamos da real condição de amor fraterno e perdemos oportunidades belíssimas).

Aos seis meses, Jenifer sofre um tombo o que proporcionou a mim abalos emocionais, cuidados médicos foram utilizados, pois surgiu uma pequena ruptura no colo do útero sendo Jenifer obrigada ao repouso absoluto até os nove meses. Quanta abnegação!

Bem, é chegada a hora, contrações fortes surgem devido à esta pequena ruptura o parto se torna seco provocando assim asfixia, pois não encontrava "eu" oxigenação suficiente e, na hora em que ocorreu a expulsão do bebê, eu estava completamente roxo, foi necessário reabilitar-me com medicamentos, e foi constatado que devido ao meu sofrimento na hora do parto, houve um bloqueio na oxigenação, ocorrendo uma espécie de estrangulamento afetando a coluna espinhal e ficaria eu fadado ao tetraplegismo. E assim começa o meu envolvimento com o plano Terra de novo.

Capítulo 3

O despertar de um novo dia

Nascera com olhos claros, cabelos louros e encaracolados e bem branquelo, bem diferente da outra existência cujos os olhos e cabelos eram pretos e, pelo clima, trazia a cútis mate.

Bem, começa a dificuldade na primeira mamada. Mãe tinha que apoiar a minha cabeça com um travesseiro para poder dar sustentação, devido ao processo, pouco conseguia sugar, era preciso estimular de 15 em 15 minutos. As primeiras semanas foram de angústia coletiva, pois papai Pierre buscava todo tipo de recurso através dos melhores médicos para me aliviar do sofrimento que até então não tinha começado.

Jenifer, escondida, chorava e rezava pedindo forças para superar o medo e ter força suficiente para não desesperar. Durante os seis primeiros meses de vida passei mais indo ao hospital para receber oxigenação e soro do que outra coisa. Devido a minha debilidade, transpirava muito e os nutrientes se esvaíam, não permitindo que continuasse a viver.

Papai, na altura dos acontecimentos, já estava disposto a me colocar no hospital direto para que mamãe pudesse dormir e recuperar as forças, mas a providência divina atuou, devido às intensas preces, e fortaleci, comecei a desenvolver, dando ao papai um pouco mais de segurança no caminho da vida.

Na casa havia duas enfermeiras que revezavam com a mamãe dando a ela o direito do descanso. Mamãe engravida de novo, lembram-se, queridos leitores, Horácio viria logo em seguida para ajudar na minha caminhada. Bem, nesta encarnação, recebo o nome de Victório pela conquista alcançada de um ano, papai achou por bem colocar este nome em agradecimento ao Pai.

Após estes momentos de adaptação, ou melhor, readaptação, normaliza a estrutura familiar. A casa era linda e com os olhos podia eu acompanhar todos os movimentos. Colocavam-me com freqüência numa enorme sala onde quadros belíssimos emolduravam o ambiente dando um conforto agradabilíssimo. As paredes eram cor de azul bem suave, pois um decorador falara para o papai que a cor trás influência, e se era o cômodo que eu mais permanecia, era de bom tamanho pensar também na cor. As cortinas, cor de rosa, porque a quebra do azul com o rosa vitalizava a todos no ambiente.

Bem, que as cores são vida todos já sabem, pois tudo no planejamento do Pai tem cor e é belo poder presenciar tanta bondade num único universo, universo este de Jenifer que incansável ao meu lado ficava, horas bordando, horas cantando, lendo e orando. Tudo era feito com equilíbrio e amor, se todas mulheres pudessem depositar tanto amor aos seus rebentos perceberiam o halo de amor perfumando que sai do corpo feminino quando enternecido está pela sublimação de se doar pelos rebentos, e com este equilíbrio a minha mente era embalada.

Devido ter tirado a vida através das cordas no meu pescoço, só conseguia balbuciar alguns sons, e posso afirmar que dentro da minha mente eu sabia o que eu balbuciava, (querido amigo, quero deixar bem claro que esta posição a qual me encontrei neste reencontro com o físico foi escolha minha, e a experiência é e foi só minha). Só mamãe Jenifer entendia o que eu queria, coisa de mãe.

Por mais um ano venci, fisioterapia todos os dias, pois devido ter que ficar só deitado se fazia necessário estes movimentos para evitar os escaras. Horácio, nesta altura, nasce como um belo menino robusto, saudável e sem nenhum tipo aparente de problemas físicos ou mentais, pois papai julgava que problemas mentais também trazia eu nesta encarnação. Não o culpo, pois tudo condizia para isto, ele não podia penetrar a minha mente e compreender que eu compreendia tudo.

Mamãe retorna com Pierre Junior:

- Olha querido Victório este é seu Irmão! Crescerá e embelezará o nosso lar como você assim já o faz.

Pude eu sentir as vibrações e ficar feliz com o falar de mamãe, pois a vibração de amor naquele momento era tamanha.

Papai pouco ia ao berço para me ver, eram rápidas as visitas que me fazia e sempre escutava mamãe:

- Querido, observe os olhos de Victório, ele entende tudo que lhe falo.

- Lá vem você com estas bobagens, o doutor falou que a vida de Victório é vegetativa e temos que estar preparados para tudo.

- Há, então é isto!? Não quer se apegar a Victório, pois sei que você é bom e trás dentro de si um amor imenso e teme por sofrer no futuro, querido.

- É, pode ser, quem sabe, só sei que quero sofrer o mínimo possível.

- Mas querido, se Deus nos enviou Victório é porque temos condição de levarmos avante, e devemos amá-lo intensamente todos os momentos.

- Bem sei, mas tenho pouco tempo, devido o grave problema que Victório trás, tenho que desdobrar no trabalho, pois tenho que dar conforto para todos e com a chegada de Pierre, preciso só pensar na produção.

- Mas, querido, a vida é só feita disso para você, produção? Será que será um velho ranzinza? Pois observe o nosso elo familiar e dos amigos, todos os homens estão envelhecendo, e cada vez mais sozinhos estamos, porque não estamos nos deixando viver a verdadeira vida.

- É, e o que é a verdadeira vida?

- É saber dividir pois, se estamos aqui e casamos, é porque algo temos que fazer também por nós, pelos meninos e pelos companheiros de jornada, não acha?

- Sim, querida, vou pensar a respeito. Agora vou tomar um banho e jantaremos todos juntos, vou pedir às enfermeiras para colocarem Victório e Pierre ao lado da mesa para poderem ir se acostumando com a harmonia da família na hora das refeições.

- Muito obrigado querido.

- Viu Victório, devagar papai o carregará no colo, te prometo filho amado.

Neste momento mamãe aos braços me leva, e eu, aos dois anos, choro em silêncio. Somente lágrimas no meu rosto rolam e, não sei como, mamãe deixa as lágrimas dela rolarem também. Mas ela como eu sabíamos que eram de felicidade, sabíamos que a escalada seria dura, pois tiveram que se afastar da vida social que tinham devido à minha enfermidade. Papai, por amor maior à mamãe, recebia os amigos no escritório alegando não poder se afastar do lar, pois mamãe poderia precisar dele a qualquer hora.

Assim mamãe tinha tranqüilidade de ficar no meu quarto até dormir.

Os meus sonhos eram agitados, pois liberto do corpo eu podia correr, brincar, subir nos objetos e meu corpo recebia toda informação, mas para a enfermeira era como se tivesse espasmos, como se fossem pequenas convulsões. Assim se passaram cinco anos de muita dor e muita abnegação, mamãe envelhecera antes do tempo e papai também, mas continuávamos caminhando na jornada da vida.

Pierre Junior sempre ao meu lado ficava, todos os brinquedos iam até a mim e me mostrava, por vezes pegava na minha mão e me deixava sentir, mamãe não compreendia tanta evolução de Pierre. Numa bela tarde Pierre disse ao papai:

- Papai, pegue Victório no colo e coloque-o no chão para brincar comigo.

Papai lhe explicou que não seria possível, mas ele insistiu.

- Papai, fica com ele no colo, quero brincar com ele.

Mentalmente eu pedia que queria ir para o chão. De tanto Pierre pedir, papai me pegou. Pela primeira vez, depois de cinco anos, lágrimas nos meus olhos brotaram e pude ver também os olhos, daquele que me deu a permissão de estagiar no planeta, marejarem e fiquei muito feliz.

Pierre Junior era especial e me compreendia muito bem tal como mamãe. E assim começou a difícil marcha de brincar com quem não conseguia brincar. Papai via num menino tão novo o esforço de alegrar o Irmão que mal se mexia.

- Vamos Vic (era assim que ele me chamava, pois para ele ainda era difícil dizer o meu nome) é a sua vez de jogar a bolinha.

Ele chegava a bola até as minhas mãos, envolvia-a e mandava. Ele ria muito, papai chorava e eu gostava deste envolvimento e, assim, passou a tarde de Páscoa.

Obrigado Horácio (Pierre) pelo desprendimento.

Capítulo 4

O despertar de um novo dia

Nos momentos de sono era levado ao reencontro com Fabrício. Que dor, que angústia, que desespero! Eu, menino de novo, com sentidos do menino envolto às dificuldades do físico. Sentia por vezes as mesmas dores, e por vezes não. Era me dado passes magnéticos constantemente, acho que devo ter que fazer algo grandioso pois tamanha dedicação dos companheiros jamais registrei.

Bem, retornamos ao movimento da casa terrena, Jenifer é acometida de febre alta, pela qual tem que ser isolada de mim e de Pierre Júnior. Fiquei por conta das enfermeiras e do papai que dividia o seu tempo comigo, Pierre e mamãe. Começara daí a conversar comigo e, como era monólogo, só ficava a escutar, mas adorava a fala e com a mente respondia tudo. Nesta altura contava com 9 anos e Pierre com 8. Sentados estávamos eu, Pierre e papai na varanda tomando a fresca. Pierre brincava com o caminhão, enquanto papai me olhava. Eu me tornei, a partir daquele momento, o seu maior parceiro, pois começou a me confidenciar as dificuldades e incertezas, pois julgava que pelo fato de não responder e não manifestar nada para ele, ele poderia confidenciar todos os sentimentos que por vezes ocultava até de mamãe:

- Bem, Victório, não sei se você me compreende, mas preciso confiar em alguém e hoje vejo que você é o meu melhor amigo, pois tudo que lhe falar ficará com você, não é filho?

Neste momento meus olhos marejaram, eram lágrimas de verdade, mas como eu já trazia também dificuldades no campo lacrimal, papai não sabia distinguir quando eu chorava ou quando era uma reação de limpeza involuntária dos dutos lacrimais. Mas não importa, chorei por ele ter confiado em mim.

Bem voltemos ao desabafo que até agora ecoa nos meus ouvidos:

- Filho amado, temo pela saúde de sua mãe.

Neste meio tempo, entre uma palavra e outra meu coração pulsava forte, morte de mamãe, não pode ser. Por quê? Cadê este Deus que tanto ela reza, será que esqueceu dela? Mas resposta não tive porque papai não havia desenvolvido a sensibilidade para me escutar e prosseguiu.

- Não sei se serei capaz de, sozinho, cuidar de você, e casar de novo será impossível pois para mim Jenifer é a única.

Pensei comigo que alívio, pois não conseguia imaginar ninguém no lugar de mamãe, mas ao mesmo tempo um aperto enorme no meu coração veio, comecei a sufocar, fazendo papai interromper a conversa para buscar o oxigênio. Eu não compreendia, mas sentia o medo da perda, perda que eu em outras vidas sabia o que era muito bem, mas que nesta só registrava a sensação.

Após este momento de alívio com o oxigênio adormeci e papai foi ter com a mamãe. Fiquei na varanda aos cuidados da enfermeira que, devido ao cansaço, não observou que o balanço estava cedendo em um dos lado e, justamente, o lado da cabeça arrebentou e um tombo enorme fui acometido. Passei por um desmaio e despertei no hospital entubado devido a grande salivação, pois começava apresentar outro distúrbio por causa das intensas horas deitado, então seria necessário readaptar na fisioterapia.

Um mês de intenso trabalho que exigia a permanência no hospital, e foi graças ao tombo que papai pode cuidar melhor de mamãe e recuperá-la. No hospital, eu estava tendo tratamento intensivo que nem dava tempo para pensar, após os exercícios sempre exausto dormia. Creio que os sedativos ajudaram muito também.

Capítulo 5

O despertar de um novo dia

Os anos passaram e com eles o vai e vem nos hospitais, e momentos também de calmaria, momentos estes que papai aproveitava para desabafar, o que ao mesmo tempo me confortava, pois me tornara útil e, quando nós nos sentimos útil, facilita o reajuste de todas as nossas células mentais e físicas. Também nos deliciávamos com as histórias de Pierre Júnior que, nesta etapa da vida, já estava com 13 anos e eu, 14 anos.

Homem em tamanho mas com dependência de bebê, era assim que eu Victório me sentia. Diante das constantes mudanças que meu corpo apresentava, cada dia que passava se tornava para mim um martírio. Ter que ser trocado, limpo e asseado por uma enfermeira; já havia passado por mim dezenas de enfermeiras. Quando estas cansavam se fazia necessário a troca, que papai imediatamente providenciava.

Nesta etapa da pré-adolescência, papai achou por bem buscar um enfermeiro e foi uma benção, pois, caro leitor, lembra-se de Carlinhos, é o Antônio Carlos, o enfermeiro que tutelou a mim. Como é belo o movimento circular de amor que os espíritos abnegados fazem quando empenhados estão pela elevação do Irmão, e este Irmão necessitado era eu, que precisava da força de um enfermeiro homem que tivesse um laço de amor para comigo, e assim começa o trabalho com Charles (o enfermeiro terreno).

Começou então a entonação melódica de uma Ave Maria constante através dos lábios de Charles. Papai dizia que ele poderia ser tenor se não fosse enfermeiro. Em um destes momentos Charles falou inspirado pelos arquivos conquistados:

- Creio que sim, sou um tenor de almas, pois o Pai maior nos oferta a voz e a profissão para fazermos dela a melodia dos anjos, sempre vi meu avô paterno cantarolar com os seus enfermos e os via receberem as melodias como um sagrado medicamento, pude eu mesmo experimentar a suavidade desta melodia que vovô envolvia seus pacientes quando fui acometido de tuberculose e os médicos disseram que estaria desenganado pela ciência da Terra. Neste momento vovô assumiu com tanto amor que penso que ele, através da fé, retirou todo o mal, e a fé que ele exercia era cantarolar a Ave Maria. Por isso pedia a Deus que se eu sarasse iria desenvolver um trabalho de amor para os Irmãos, como ele assim o fazia e me vi conduzido à prática que ele me ensinou com as próprias mãos. Hoje estou aqui, senhor, aprendendo com o senhor e sua família o que é amar, pois para mim não existe cansaço, dor ou angústia, supero todas elas e caminho com a fé descrita pelo

O despertar de um novo dia

Cristo – Jesus, removo a montanha operosamente nas bases evangélica e hoje estou aqui buscando, junto a estes laços sagrados, ajudar a remover esta montanha.

Por sua vez papai falou:

- Que o Pai continue lhe ofertando este dom Charles! Bom dia, amigo!

E assim papai beijava a minha testa e ia para o seu escritório trabalhar. Charles, por sua vez, me pegava no colo, me punha em posição de assento, me deixava ver os pássaros e dizia:

- Olha, Victório, como é belo aquele pássaro, é da cor azul. Eu sei que você me compreende, eu posso captar seus sentimentos e sentir quando está feliz ou triste, e neste momento sei que está feliz, pois está sentado vendo as coisas belas de Deus. Pretendo não me cansar e permanecer com você, sinto-me tão bem, é como se fosse o meu filho e que eu devesse recuperar o tempo que, por alguma razão, não soube aproveitar. Sabe, Victório, na minha infância passei por muitas dores, além da tuberculose tive uma doença no fígado e também foi me dada a oportunidade de recuperar e hoje estou aqui, com você. Bem, o que isto importa, não é? Importa sim é que você e eu estamos bem neste momento, não é amigo?

Desajeitadamente acenava com a cabeça e ele assim sustentava para o meu aceno.

- Olha, Vic, a borboleta amarela veio nos dizer

bom dia, vamos dizer bom dia para ela também!

Eu balbuciava e ele dizia, segurando em minhas mãos, bom dia pequenina amiga. Neste momento, não sei se por coincidência ou por bondade divina, a borboleta aproximou e pousou nas nossas mãos como se quisesse nos dizer bom dia. Nesta hora uma lágrima rolou no meu rosto e Charles falou:

- Como é belo Deus falando através da borboleta, não é Vic? Parece que ela nos convida a voar também. Assim, ficamos a contemplar a borboleta por alguns instantes. Mamãe de longe nos observa e por vezes chora por me ver envolto aos braços de Charles, já homem, precisando de um ombro amigo para registrar as minhas sensações. Que Deus abençoe este amigo do tempo.

Pierre, nesta altura, já estava na segunda etapa de estudos e por vezes os colegas iam para o nosso lar desenvolver os trabalhos. Pierre alegava para eles que era preciso ficar o quanto pudesse perto de mim, e os colegas respeitavam. Chegavam como bandos de passarinhos, nesta época ele estudava em uma escola que só era permitido a presença masculina, então mamãe ficava muito sozinha, pois nem sequer colegas do sexo feminino Pierre tinha e, devido a opção que mamãe tivera que tomar por cuidar de mim, perdeu os laços das amigas, e as festas sociais já distantes estavam do nosso meio de vida. Às vezes

O despertar de um novo dia

podia observar no seu semblante a tristeza, pois era mais uma encarnação de silêncio, esta por opção, parece que o treino da outra encarnação deu-lhe respaldo para esta. Bordava, pintava e dedilhava os dedos no piano, estes eram os seus envolvimentos. Papai sempre ocupado buscando manter a renda da família, pois a despesa comigo era imensa, reconheço que todos se doaram em plenitude para auxiliar um Irmão com tantos regastes como eu. Hoje chego a compreender os momentos de cansaço que eles chegavam e até choravam crendo que não eram mais capazes de suportar tanta pressão, depois se recuperavam e caminhavam de novo. Já imaginaram, queridos Irmãos, que almas desprendidas e bondosas são aquelas que se dedicam a Irmãos que trazem qualquer nível de desordem sejam elas físicas ou mentais?

Chamo-os de enviados do Pai, lógico que existem os puros e abnegados, mas também os obrigados e os que fazem por uma necessidade sem a finalidade do amor, estes se deixam vencer pelo cansaço e perdem a melhor prova. Por isso hoje me preparo para a próxima reencarnação que não sei quando será, mas me proponho a trabalhar por amor, como mamãe, papai, Pierre e Charles. Por já terem tanto me ensinado, clamo aos céus benção a todos e agora registro o bem estar de um enfermeiro de amor que, mesmo nas derradeiras horas de agonia, lá esteve valente acalentando a todos nós, mais adiante relatarei.

Capítulo 6

Passaram-se os anos, eu já contava com meus dezenove anos e Pierre Júnior com dezoito, já ingressado na universidade. Devido às exigências da faculdade de arquitetura se faz necessário a sua permanência em maior período do dia na universidade e, às vezes, nos finais de semana, ficando eu mais sozinho. Mas tudo bem providencial pois agora começam os meus dois anos de intenso sofrimento.

Devido a desgastes orgânicos fez-se necessário a retirada do meu estômago ficando, assim, impossibilitado de alimentação via oral. Introduziram uma sonda no meu intestino e, quatro vezes ao dia, Charles cantarolava no meu ouvido Vivaldi para me invadir de luz de amor, enquanto pacientemente injetava alimento através desta sonda.

Devido ao meu cansaço, pois a minha respiração é ofegante, bloqueio de oxigenação ocorria, me dando uma intensa indisposição e permanecia numa inércia necessitando de um aconchego maior. Pela providência divina, o sono reparador era o meu melhor colo depois do de Charles.

Charles, escudeiro do Cristo, semente que germinou em banho de luz para acolher aquele filho das questões mal direcionadas, por ele fazer por amor, ele limpava inconsciente os ecotoplamas deletérios que se desprendiam da minha alma. Ah se quando encarnados tivéssemos a plena consciência de que o expurgo requer tranqüilidade e fé, a queima das ações negativas ao nosso caminhar seria feita com mais firmeza e nos libertaríamos com maior facilidade das chamadas doenças da alma. E aquele que como Charles trabalha em favor do Cristo enxugando as chagas dos Irmãos, acresce, na periferia dos corpos, o medicamento adequado para amenizar as dores, pois já habituou a ampliar os sentidos da fé. É isto aí amigão Charles, siga nos ensinando o que amar.

Entre uma refeição e outra, encontro força para olhar para a árvore que fica em frente à varanda dos fundos da casa. É linda e papai a plantou na mesma época quando nasci; diziam os antigos que quando um filho nasce em um lar e o umbigo cai, deve-se enterrá-lo e plantar uma árvore na mesma cova para que o varão venha ser forte, saudável e cheio de vitalidade. Bem, não sei se nesta encarnação ser forte é passar por tudo que passei sem ter o direito de reclamar, pois eu mesmo pedi aos superiores, lembram, que, quando estivesse cansado, eles me buscassem e me lembrassem, através do sonho, das minhas responsabilidades, e durante este tempo todo foi o que eles fizeram. Benditos sejam os guia espirituais, verdadeiras usinas de energia que, quando bem fortalecidas pelo encarnado, encontram parceria de adesão e amparam com melhor condição por ambas as partes fazerem cada qual o seu papel de amor.

Bem, mas vamos voltar no reclamar, pois só não reclamava porque não podia articular bem as palavras. Vitalidade, bem, esta é difícil de definir mas a árvore, esta era bem cheia dela. O tempo estava passando e a árvore, não sei bem porque, estava perdendo a força.

Em um aprofundamento, busco da memória a etapa belíssima de amor que vivenciei com mamãe. Relato agora, ou melhor, revivo agora para clarear os meus sentimentos ao leitor:

Numa bela manhã, sentados todos nós juntos estávamos no acalento da brisa, pois sempre que podíamos mamãe fazia questão de ajuntar a família. Estávamos todos a observar a manhã primaveril, as folhas aos poucos caindo e outras em vitalidade maior embelezando o renovar natural da vida. Agora este momento parecia com os momentos de páscoa que é a eterna renovação de todos os nossos sentidos. Quando trazemos o conhecimento do evangelho, já temos a consciência de que temos que, sim, renovar todos os dias e todas as noites, pois o renovar é refletir nos atos do hoje para no amanhã sermos melhores, pois esta encarnação, para muitos, pode parecer de penúria, mas foi sim de renovação,

renovação do espírito velho ao novo que ansiava a eclosão de momentos mais maduros e enriquecidos de experiências salutares.

Hoje compreendo perfeitamente as palavras de Jesus: "Só verá meu Pai quando ao meu reino estagiar". É o Pai co-habitar dentro de cada um de nós, e o reino do Cristo é a nossa vivência de amor, paciência, abnegação, determinação enquanto encarnados neste imenso planeta azul.

Como é belo sermos água, terra, fogo e ar (e mental), pois quando respeitamos os quatro pontos de sustentação temos condição de abrirmos os nossos olhos espirituais e bendizer os três elementos sublimes que são a vida, a vivência e a experiência, pois o Pai é a vida, vivência denomino agora como Mãe, sublime estágio de aceitação, e a experiência, como filhos puros de adequação, pois o Mestre elucidou "Vinde a mim as criancinhas" (Lucas 18,15-17), pois trazem puros os corações. E é assim neste momento harmônico com a minha família terrena que eu me encontro, irei relatar a pureza da família que todos nós encarnados podemos ter, pois são os pequenos momentos que nos fortalecem para os grandes, e foi isto que registrei nesta sagrada encarnação.

Bem, no perfume do tempo desta encarnação, eu (espírito) me encontro quase refeito no campo espiritual, sendo que a carne, sagrado veículo que se propõe como célula em aprendizado à evolução coletiva, estava agora já bem desgastada, sem muita vitalidade. Mas os momentos familiares são de conforto maior. Parece que estas manhãs harmônicas fortalecem o grupo nos dando campo de ação e nos ofertando amplitude de condutas mentais.

Sentávamos eu, mãe do meu lado direito, papai do meu lado esquerdo, Pierre na minha frente e o enfermeiro Charles ficava atrás, sustentado a minha cabeça, mas neste dia Pierre pede a Charles que o deixe segurar a minha cabeça como que recebendo a inspiração de que a partir daquele momento eu seria acometido de fortes dores que só acabariam no meu desenlace.

Bem, mãe segurava a minha mão e papai a outra e este dia eles dedicaram, como que em terapia coletiva, só a mim. Mamãe começou a falar:

- Querido filho amado Vic! Como é bom sentirmos a brisa que nos cobre com o frescor do Pai nos abençoando, nos dando a leveza de momentos acolhedores como este. Quero, filho amado, aproveitar o frescor da brisa que banha todo o nosso ser neste momento e lhe dizer que você é um filho especial, se hoje eu engravidasse de novo e tivesse a oportunidade dos sentidos clareados, receberia-o de novo e passaria pelos anos com maior sabedoria. Bem, mas isto não importa, o que é importante é o valor da vida e o exemplo que você, Victório, nos dá, não sei o que Deus quer de nós, mas não renego nenhum minuto de vida experimentada nesta existência, principalmente após o seu nascimento, que para mim é como fonte sublime de luz. Para mim, você é especial, porque veio através de mim e de seu pai; é como se tivéssemos a oportunidade de receber a fecunda luz do Pai através de você. Obrigado, meu filho, por você existir!

Lágrimas nos meus olhos rolaram como requerendo o aconchego das pedras do caminho. Vontade tive eu de poder segurar os braços de mamãe e sentar-me no colo e beijar o rosto daquela que, em dedicação, me fez sentir o valor da vida.

Bem, como são as coisas de Deus, voltemos lá trás, lembram, eu, José, neguei aos meus filhos o direito do toque da mãe e vice-versa. Naquele momento, registrei com profundidade a dor dos meus filhos pelos longos anos de exílio forçado por mim. Os meus filhos do tempo: Carlinhos, Joana e José Filho.

Por mais uma vez, perdão, pois estive em uma encarnação perto mas longe da minha mamãe Jenifer, minha amada Dolorez, que provação!

Papai retira o lenço do bolso e enxuga as minhas lágrimas, me beija como nunca e diz:

O despertar de um novo dia

- Querido Vic, hoje trago a esperança de vida. Quando jovem não conseguia penetrar na força de Deus, o Deus que sua mãe registra. Não que não trazia a fé, mas como homem a minha fé era da razão em vez de ser da emoção contrabalançada com a razão. Hoje, Vic, compreendo bem as palavras do Cristo-Jesus: "Orai e vigiai" que é nada mais do que oração relacionada com a emoção e a vigília relacionada com a razão. Bem, de tudo que vivenciamos, hoje a brisa me toca diferente, é como um convite a ti relatar o que representas para mim, filho amado.

Bem sabes que não vou ocultar de você que no início foi penoso para mim conceber que o meu primeiro filho é um filho de fibras especiais, fibras estas que demonstram, hoje, para mim, que estão sustentadas na benção do Pai maior, pois não seria capaz de enfrentar dezenove anos com tanta força como você, filho amado. Se as gotas sublimes do amor maior não estivessem com você, não teriam me tocado.

Bem o sei que, depois de Deus, está sua mãe, exemplo de luz no lar que nos ilumina a todos. Vejo hoje, com pesar, a separação dos Bronsons, pois além de trazerem todas as facilidades financeiras tem três filhos que reluzem em plenitude de saúde, será que no caminhar deles não estaria faltando um Victório, hein amigão! És para nós, filho, o sustentáculo dos nossos laços. Não sei bem mas, hoje, a vibração que transcorre no nosso lar... é como se já, por um tempo atrás, que não sei bem como definir, já permeássemos juntos. Se foi bom ou não, não sei, mas sei filho, que hoje, tal como sua mãe, agradeço ao Pai pela a tua vida, pois se você não estivesse aqui hoje, provavelmente poderíamos também estar nos separando como os nosso vizinhos. Você nos ensinou que as barreiras, os obstáculos são bênçãos que, por maior que pareçam, não o são perante a força divina.

Hoje se encontra homem feito nos embalando nos laços fecundos da vida Obrigado Vic por você me aceitar como pai. Não sei bem o que Deus nos reserva, mas sei que é benefício maior para todos nós e até para Charles, que só fez parte da família devido a sua presença, filho amado, no meio de nós.

Que Jesus filho ampare a todos nós!

Tornando a beijar a minha face chorou, abraçado a mim. Parece que eles pressentiam o meu desligar, que as minhas forças ocultas, aquelas que nos fazem registrar o tempo no nosso espaço de experiência encarnatória, estavam acionando a nossa separação. Como será ter consciência plena que cada dia poderá ser o seu último dia e que teremos que fazer deste dia o melhor? Até que seria bem mais fácil, pois vivenciaríamos com mais cuidado pois, já conhecedores da lei que somos, viveríamos como visitantes do dia e tomaríamos cuidado para não bulir nenhuma lei. Não é lindo este pensamento?

Queridos Irmãos, Jesus nos ensinou, através do Seu caminhar, que o tempo é sagrado e o registro realizado é o nosso arquivo de ações que se tornarão reações. Em suas palavras doces de amor ele conduziu e conduzirá a todos nós, por amor a humanidade, humanidade que ainda dormita em berço de questões perecíveis e não aprofunda em suas lições.

Amados Irmãos, abracem-se todos os dias, pois a família é o santuário da vida, vida esta que não se refaz depois de vivida. Por isso que a vivência é o apreço mais sagrado que o Pai nos oferta. Se hoje as famílias já trouxessem a plena essência do amado Jesus saboreariam a vida com vigor e discernimento e se suportariam no caminhar das encarnações.

Bem, voltemos.

Capítulo 7

O despertar de um novo dia

De todas as emoções que um ser pode identificar no cotidiano, este ano que relatarei é o mais marcante. Comecei a registrar o duplo momento de estar encarnado e de estar desprendido preparando para o desenlace, duplo este que elevou a minha alma em perfume sublime de amor.

Após alguns meses a minha árvore, aquela que foi plantada, secou. Mamãe ficou muito impressionada, pois não conseguiu compreender porque as outras, que mais velhas eram, ainda continuavam vigorosas.

Não sei bem se coincidência ou força da natureza, a vitalidade da frondosa árvore havia acabado e a minha começava a esvair. Papai buscou todos os recursos para aliviar a tensão de mamãe. O jardineiro a chamou e lhe disse as seguintes palavras, orientadas pelo papai:

- Senhora Jenifer, preste atenção, sei que está em melancolia pela árvore de Victório, mas pela posição do terreno e pela força do sol ela não teria uma vitalidade de muitos anos. Sabe por quê? Depois de tanto lidar com a terra, hoje bem sei que este espaço para este tipo de árvore não é bom.

- Mas a árvore de Pierre Júnior, que está ao lado, está vigorosa e curva-se como que para amparar a árvore de Victório.

- O que que é isto, minha senhora! Religiosa sim, eu aceito, mas com tantas crendices não, não pode ser. Preste atenção: árvores crescem, dão frutos, embelezam e morrem, não leve este preconceito a favor das forças ocultas, fortifique os seus laços mentais e continue.

Neste momento os amigos espirituais do jardineiro e de mamãe fortificaram ambos e o jardineiro ficou sem compreender porque havia dito tais palavras.

Bem, estão chegando os momentos de intensas dores, e torno a falar que as dores foram minhas. Numa manhã sombria e chuvosa começa a minha maior fase de provação, não só para mim, mas para todos que me cercavam.

Levantei salivando muito e Charles, que a noite inteira havia corrido com panos quentes, pois em febre alta vivenciei a noite, já exausto estava com papai, ao lado dele. O médico já havia relatado que este momento poderia chegar. Entre um socorro e outro pude identificar as palavras de papai a Charles, que já era tratado como filho:

- Charles, meu filho, temo por estes momentos, não quero deixar Victório no hospital aonde maior transtorno ocorre para todos nós. Farei uma CTI aqui mesmo e conto com você, pois o processo de deterioração dos órgãos começou e pelo que o doutor falou pode demorar um ano, um mês ou dias, mas Victório é forte, como ele relatou, e isto pode demorar mais tempo para ele e para nós, não sei se serei forte para suportar todo este processo junto a Jenifer e Júnior, por isso conto com você amigo e após a morte de meu amado filho quero que continue conosco, já faz mais de cinco anos que estás conosco e não sei se serei capaz de viver sem você, meu companheiro. Sabemos que Júnior terá que continuar a jornada de sua vida e eu e Jenifer ficaremos sozinhos.

- Quantas besteiras o senhor está falando! Deve ser a influência desta madrugada gelada. Porque o senhor não desce, toma um copo de leite quente, aproveite este momento de calmaria, eu fico aqui até o senhor recuperar-se desta alucinação. Quanto ao futuro longínquo, eu aceito, pois gostaria de continuar compartilhando a vida com minha verdadeira família de agora.

Eu, sonolento, como se o registro fosse sonho e realidade, mas naquele momento somente felicidade registrei.

Pelas primeiras horas mamãe ao quarto chega e encontra papai sentado à minha cama, sonolento, segurando a minha cabeça e Charles, no pé, a cochilar. Cuidadosamente mamãe chama Charles e o pede para recolher que ela ficará comigo, chama Júnior e pede ele para retirar papai, pois ele só aceita a troca com Júnior, por julgar que mamãe não era suficiente forte para estar comigo sozinha.

Providenciaram o CTI e começa o revezamento de 1 em 1 hora, dia e noite. Já não recebia nem água via oral, somente molhavam meus lábios para dar sensação de bem estar. Em meio às perturbações, eu, José, ora Victório, registrava fantasmas, gritos, gemidos eram ecoados na minha mente. Recebia passes magnéticos, pois foram intensificadas orações e vigílias de terço ao meu favor pelos amigos e assim os amigos espirituais recolhiam as energias e me beneficiavam com intensas fontes de amor.

Hoje posso compreender que ninguém, em hora alguma, está sozinho e que Jesus intensificou este comando quando disse: "Amai-vos uns aos outros" (João 13,34), é isto mesmo, se tivermos o propósito do amor elevamos nações íntimas, mas, se tivermos propósitos do mau, derrotamos nações.

Confundia-me em momentos de lucidez, ora era o encarnado em momentos de reajuste, ora o despreendido da matéria buscando o vôo espetacular da libertação. Uma câmara espiritual foi fixada no meu quarto, fortificando assim o campo de amor. Todos recebiam, eu, meus familiares e os ajudantes de papai. Este ambiente me auxiliava no processo da limpeza dos registros por eu mesmo ter retirado a minha vida em outra experiência, enforcando-me, pois é de lei, teria que retirar os registros do perispírito e, por mais árduo que pareça, esta retirada, ou melhor, esta queima acontece quando encarnados estamos, parece que o corpo denso é como uma máquina que lapida as impressões mal conduzidas e purifica o produto, produto este o espírito. Por isso podemos lapidar milésimas vezes se assim for necessário, os atritos da lapidação clareiam os nossos sentidos e elevam a alma.

Neste ano o inverno tornou-se mais gélido. Entre uma desordem orgânica e outra encontrava força e recuperava as forças. Num destes momentos, pude eu olhar através da janela enorme que no meu quarto havia, por entre rajadas de sol e neblina podia eu sentir a presença de Deus, era como se me convidasse a manter, mais do que nunca, a paciência.

Podia utilizar de oxigênio em ambiente reduzido, ambiente este que era reorganizado, dando a mim um bem estar porque era envolvido em uma tenda bem improvisada. Quando estava bem, era retirada a tenda e podia visualizar o quarto num todo.

Havia perto da porta um quadro enorme com o rosto do Cristo que refletia luz para mim através dos olhos dele, hora era de sorriso ora de dor, impressões eu registrava e tentava orar tal como no vale que estagiei, não conseguia e rodopiava. Charles, por intuição, percebia e orava bem alto me facilitando o desenrolar do momento. Caridosas as mãos, as falas e o carinho dos verdadeiros profissionais enfermeiros que se dedicam, com amor, aos momentos de dor dos Irmãos. Parece que são envolvidos de luzes do Cristo e mais elevados se tornam porque Jesus mesmo nos disse, através do apóstolo Pedro, que utilizássemos a rede do amor para alçar almas e é isto que faz um enfermeiro do bem.

Charles, amigão, jamais apagarei dos meus registros a tua bondade, o teu amor.

OBRIGADO!

Capítulo 8

O despertar de um novo dia

A bondade divina nos inspira em todos os momentos, é só observarmos ao redor. Como é belo o movimento espiral do planeta Terra, a humanidade impulsionada através das eras históricas. Tudo está interligado; assim são as nossas encarnações, podemos mudar de regiões, podemos mudar de corpos, mas uma depende da outra, pois o registro histórico de cada qual está inserido no nosso código registro perispiritual. Ser um ser sem máculas requer princípio de amor incondicional.

Se hoje em estado de vigília pudéssemos voltar ao tempo de Cristo, registraríamos com olhar de entendimento cabível para o nosso experenciar e talvez seríamos capazes de colhermos, ou melhor, de nos envolvermos melhor nas premissas de amor.

Posso eu imaginar quanta luz e brandura havia no olhar do Cristo. Aqueles que, como nossos amigos, o apóstolo João e Maria, registraram esta sublime pureza de alma e elevação, trouxeram para nós a conduta em flor sublime, descrita na força do evangelho que registrou os atos de amor do Cristo-Jesus, em que ele mesmo afirmou "Bem aventurados os pobres de espírito pois que deles é o reino do

Céu" (Mateus, 5-3), palavras imantadas naqueles que tiveram e têm os olhos para ver e os sentidos de amor para sentir.

Bem, aqui estou preste ao desenlace. Mamãe, ah! a minha amada Dolorez, permanece silenciosa mas vigilante ao meu lado. Entre momentos de agonia e lucidez, podia sentir a mão de Jenifer tocar meus cabelos, em meio às minhas perturbações e o desdobrar de Jenifer.

Envolto aos meus delírios pude eu encontrar com Dolorez, momento concedido pelos benfeitores para o meu conforto maior. Naquele rápido momento tive a graça de reencontrar comigo mesmo, como José, sentindo os reflexos do corpo, mas registrando a consciência do espírito.

Assim foi a fala de Dolorez:

- Sabe, José, posso hoje render graças ao Criador, pela sua renovação. Se hoje como Victório registra as dores da alma, no amanhã próximo liberto receberá a condição de espírito saldador dos compromissos assumidos com o próprio corpo em eras passadas. Medite, José, pois você em breve estará no mundo espiritual e terá que recuperar e operar em favor dos Irmãos, mas como os nossos laços de compromisso ainda perduram ficarei mais um período na Terra para presenciar as realizações de Pierre Júnior. Que Jesus nos abençoe, querido Irmão.

Ao findar as sublimes palavras Jenifer retorna ao corpo e fala para o papai:

- Querido, sinto que chegou a hora de Victório partir. Dor imensa sinto, queria poder abraçar e afagar meu filho por mais tempo, mas o evangelho nos fala que não devemos ser egoístas, mas ainda não sublimei este sentimento e sinto uma enorme dor sufocar o meu peito. Nem a agonia de Victório, agora, é maior que a minha pois o cérebro dele não registra nada, então dor ele não sente. Será mesmo querido?

- Sim, Jenifer, está vegetativo já há algumas semanas. É como se estivesse em sono profundo, os estímulos do corpo só são como uma corrente elétrica deixando as últimas descargas, não foi assim que o médico nos explicou?

- Sim.

Agora a casa já estava como que fúnebre, e fico a pensar porque ainda registramos o desenlace como algo sombrio e obscuro, deveríamos mudar o nosso conceito de luz para determinados momentos da nossa vida na Terra. Se buscássemos clarear o ambiente intensificando em energia de amor e compreensão poderíamos sermos Irmãos cooperadores para a libertação dos outros Irmãos. Bem, mas este cooperar exige disciplina e amor, o equilíbrio no conversar, o equilíbrio nas palavras, o equilíbrio no tocar o corpo que está em fase de transição, o equilíbrio em ofertar a libertação para os Irmãos desencarnantes. Como temos que aprender o que é equilíbrio do Cristo – Jesus!

Bem, parto em uma manhã sombria. Tudo foi rápido, pois o meu corpo em decomposição já se encontrava, facilitando assim para os familiares e para mim que, de novo, nas câmaras do amor estagiarei por três meses sagrados, três meses porque agora a câmara em intensa luz estava.

Hoje me encontro, como falei, no jardim de Josias. Josias, este seareiro do bem, que enfeita o caminho de todos nós, cultivando almas e imantando amor. Quando falo assim é porque se somos energias ficamos ali emanando luz perpétua a todos que pelo nosso caminho passam. O mesmo se dá quando plantamos ódio, egoísmo e desunião ao nosso derredor íntimo recebemos em proporção idêntica, porque receberás o que plantas.

Que Jesus nos abençõe!

Capítulo 9

O despertar de um novo dia

A esperança de um mundo melhor se faz de cada ser que, na Terra ou em outras esferas (ou melhor, em outras moradas de meu Pai), circula como o pequeno e grande Francisco de Assis, que trouxe a brandura e a pureza de alma envolvendo a todos nós em banho sagrado de luz, ensinando-nos que a dor é mera ilusão daqueles que ainda cultivam o medo.

Hoje eu já não registro este sentimento, pois compreendo que amar é o ato mais simples, mas é também o mais nobre, pois trás a fé, a fé num espaço de amor inabalado na estrutura do Pai.

Se hoje pudesse eu voltar pelos caminhos que registrei provavelmente não falsearia o meu caminho, porque os meus registros contam agora com a dor e com o que é felicidade.

Irmãos, caminhar no campo da paz íntima é belo e fortifica os nossos laços com o Criador. Busquemos a simplicidade no andar e no falar, venhamos compreender que o tempo ofertado pelo Pai é sagrado e que também responderemos por ele.

QUE JESUS NOS ABENÇOE A TODOS !

JOSÉ

Livros publicados pela Editora Itapuã

Babili

Romance

Autor: Jairo Avellar
Autor espiritual: Palminha
Formato: 15,5 x 23 cm - Páginas: 330
N° de páginas: 330
Preço: R$ 30,00
ISBN: 978-85-98080-52-9

Nessa obra magistral, o espírito Palminha nos conduz à saga relativa ao povo persa em seus momentos primevos dentro da experiência humana. Surgindo a figura ímpar do imperador Ciro II, junto ao seu inseparável amigo Tahrif, bem como alguns de seus comandantes vindos de um orbe superior ao estágio evolutivo da Terra. Caminham de forma honrosa, construindo uma grande nação: o império persa e terras adjacentes.

O respeito pela criatura humana, independente da sua origem ou condição social, já era algo muito forte a ser preservado. Assim, Palminha sutilmente nos remete portões adentro da Babilônia, fala-nos de seu povo, de seus costumes, dos acontecimentos que se passaram sobre o velário do tempo, os momentos vividos pelos judeus em seu cativeiro de dores e sofrimentos, ao mesmo tempo que trabalham arduamente para o progresso local. O planejamento superior confiado a Ciro, o "Grande", no que diz respeito à libertação daquele povo, preparando os caminhos para a vinda de Jesus.

Reencarnação, Divina Bênção

Romance mediúnico

Este livro é o esforço do autor espiritual em abrir mais um espaço para reflexões, que lancem sobre a temática reencarnação, o viés: "Responsabilidade sempre pessoal e intransferível" sobre as nossas vidas e sobre tudo que nos cerca.

Venha se ver no espelho desta obra!

Autor: Jairo Avellar
Pelo espírito: Marcelo Rios
Formato: 14 X 21 cm
N° de páginas: 232
Preço: R$ 20,00
ISBN: 978-85-98080-15-4

Tuas preces

Mensagens

Scheilla, nesta obra coloca as nossas oportunidades, sejam elas, felizes ou infelizes, como verdadeiras preces, nas quais devemos fazer tudo ao nosso alcance para bem resolvê-las. E claro, contando sempre com a ajuda de nossos benfeitores que, a todo momento nos mune de energias para prosseguirmos firmes na caminhada.

Ansiedade, depressão, culpa, família, injustiças e calúnias entre outros, transformados em oportunidades de crescimento e em momentos de oração.

Autor: Jairo Avellar
Pelo espírito: Scheilla
Formato: 14 X 21cm
N° de páginas: 136
Preço: R$ 24,00
ISBN: 85-98080-28-4

Digna Estrela

Mensagens

Na década de 80, Maria de Nazaré se encontra com um grupo de espíritos nas paragens doces de Éfeso, para avaliar o período de transição de vida na Terra.

A obra é ainda um convite à reflexão filosófica, chamando-nos, a atenção inclusive para a importância das atividades de evangelização infantil.

Como conduzir os destinos da Terra na eminência da Nova Era?

Autor: Jairo Avellar
Pelo espírito: Scheilla
Formato: 14 X 21cm
N° de páginas: 130
Preço: R$ 24,00
ISBN: 85-98080-24-1

O Residente

Romance mediúnico

Nesta obra, o espírito Marcelo Rios, através da mediunidade de Jairo Avellar, apresenta ao leitor a práxis do seu processo de aprendizagem, revelando o cotidiano do Hospital Albergue Maria de Nazareth, reduto misericordioso de amparo espiritual, desfazendo equívocos nas concepções ainda presentes em nosso meio.

Lembrando-nos da sabedoria de Leonardo da Vinci, quando ele afirma que "quanto mais conhecemos, mais amamos", juntamente com Marcelo, somos conduzidos à compreensão acerca do verdadeiro sentimento amoroso.

Autor: Jairo Avellar
Pelo espírito: Marcelo Rios
Formato: 14 X 21 cm
Nº de páginas: 300
Preço: R$ 24,00
ISBN: 978-85-98080-51-5

A faxina

Romance mediúnico

Marcelo Rios é um trabalhador do Cristo. Simples, espontaneamente puro, alegre e disposto. Valorizando as pequenas obras, ele nos prepara para maiores conquistas.

Traz à tona as dores vividas por aqueles que se desviaram da rota traçada, mas que através da presença constante dos amigos espirituais realizam a busca do crescimento eterno.

Autor: Jairo Avellar
Pelo espírito: Marcelo Rios
Formato: 14 X 21 cm
Nº de páginas: 248
Preço: R$ 24,00
ISBN: 978-85-98080-33-8

Jesus Terapeuta - V. 1

Estudos minucioso do Evangelho

Não perca a oportunidade de estudar o Evangelho de Jesus diretamente do Novo Testamento, alicerçado na Doutrina dos Espíritos, de maneira simples, clara e objetiva.

Descubra a essência moral dos ensinos do Mestre, que vivendo o Evangelho plenamente em nossas vidas, teremos assimilado os ensinamentos do Divino Terapeuta da Humanidade.

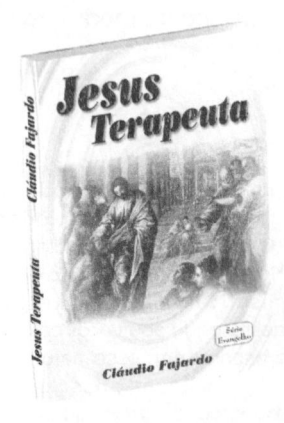

Autor: Cláudio Fajardo
Formato: 14 X 21cm
N° de páginas: 236
Preço: R$ 20,00
ISBN: 85-98080-07-1

Jesus Terapeuta - V. 2

Estudos minucioso do Evangelho

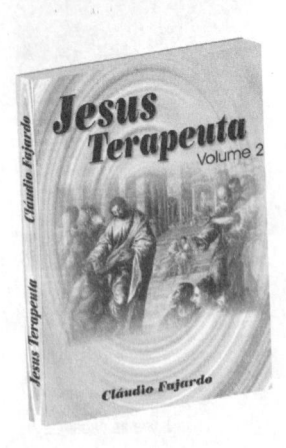

Na mesma esteira do primeiro volume, esta obra traz Jesus para bem perto de nós, partilhando nossas experiências e lutas do dia-a-dia, e orientando nossos passos no caminho do bem.

Autor: Cláudio Fajardo
Formato: 14 X 21cm
N° de páginas: 210
Preço: R$ 20,00
ISBN: 85-98080-06-3

Elizabetta de La Paz

Romance mediúnico

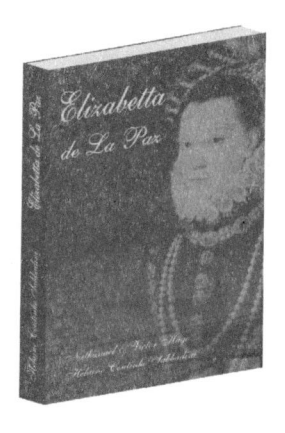

Esta obra, traz uma belíssima história de amor, que venceu os séculos e as idades, entre membros de duas nações rivais: França e Espanha, num período exaltado pela profusão da Arte e da Literatura; da Música e das Peças Teatrais; em pleno fastígio da Renascença Cultural Hispânica. Em permeio aos seus capítulos, o leitor participará das ações de almas genuinamente cristãs, que se altearam em grandes ardores aos Propósitos do Evangelho de Jesus Cristo, dentre elas; a monja carmelita Teresa D'Ávila. Paralelamente, distinguirá os desempenhos políticos de um dos mais prestigiosos líderes que a Nação Espanhola já conheceu: Felipe II de Castilla e Aragón.

Autora: Helaine C. Sabbadini
Pelos espíritos: Natahanael & Victor Hugo
Formato: 14 X 21 cm
Nº de páginas: 280
Preço: R$ 24,00
ISBN: 85-98080-43-8

No Limiar Do Tempo

Romance mediúnico

A nobreza da Inglaterra na época do Rei Ricardo coração de Leão é o ponto de partida para esta saga envolvente. Percorrendo com sua narrativa os espantosos acontecimentos das Cruzadas e da sociedade francesa na época de Kardec, deságua nas experiências redentoras do surgimento do espiritismo no Brasil no século passado.

Reencarnação e causa e efeito, mediunidade e plano espiritual são abordados com a riqueza de experiências esclarecedoras. Percorra esta jornada.

Autora: Helaine C. Sabbadini
Pelo espírito: Natahanael
Formato: 14 X 21 cm
Nº de páginas: 224
Preço: R$ 24,00
ISBN: 85-98080-38-1

Visita aos Lares e Hospitais

Diretrizes para quem quer exercer a tarefa

Muitas vezes queremos ajudar o próximo, mas não sabemos por onde começar. Aqui você encontrará com todos os detalhes um caminho seguro para essa realização.

O livro lhe proporcionará desde reflexões e exemplos instigantes, passando por conceitos básicos como os "Quinze Princípios Fundamentais da Doutrina Espírita", até questões científicas e espirituais relativas à tarefa de amor e caridade que é a visita ao enfermo.

Autor: Marcelo de Oliveira Orsini
Formato: 14 X 21 cm
Nº de páginas: 246
Preço: R$ 20,00
ISBN: 85-98080-22-5

Acalanto

Mensagens

Este roteiro de luz traz Jesus para bem perto de nós, nos ensinando que a mudança só depende de nós de nós mesmos.

Encontraremos em cada capítulo, a força para aceitação consciente da vida presente.

Autor: Sergito de Souza Cavalcanti
Formato: 14 X 21 cm
Nº de páginas: 244
Preço: R$ 20,00
ISBN: 85-98080-13-6

O Sermão Profético

Estudos minucioso do Evangelho

O Sermão Profético de Jesus é um texto atual e necessário. Estudiosos de todos os tempos têm visto nele o anúncio do fim do mundo e do dia do juízo. Porém, só a luz da reencarnação e dos ensinamentos espíritas, poderemos compreendê-lo em sua profundidade.

Nesta mensagem as palavras de Jesus são direcionamentos em nossa vida, fazendo-nos rever nossas posturas, no sentido de que a verdadeira transformação é íntima. O Mestre anuncia ao mundo os grandes abalos internos que modificarão ao seu tempo a humanidade.

Autor: Cláudio Fajardo
Formato: 14 X 21 cm
Nº de páginas: 260
Preço: R$ 20,00
ISBN: 85-98080-21-7

O Sermão do Monte

Estudos doutrinários

Segundo a tradição o Sermão do Monte se deu em uma das colinas perto de Cafarnaum. Historiadores, no entanto, pensam que o texto de Mateus, capítulos 5 a 7 não representam um discurso feito por Jesus num dia e local determinados, mas que estes são ensinamentos ministrados pelo Mestre em várias ocasiões e lugares.

Nesta obra que ora vem a lume, o autor não se preocupa com este fato, apesar de reconhecer a sua importância; assim prioriza o extrato moral do texto buscando nele o que é mais importante para fazer o homem melhor.

Sabendo que este é o principal objetivo da própria vida, reflitamos com consciência...

Autor: Cláudio Fajardo
Formato: 14 X 21 cm
Nº de páginas: 214
Preço: R$ 24,00
ISBN: 85-98080-42-X

Além das Estrelas

Estudos doutrinários

Nessa magnífica síntese da Doutrina Espírita, o nosso querido Sergito, utilizando-se de uma linguagem agradável, de fácil compreensão e altamente inspirada, atualizou os seus temas básicos, sem deixar as linhas mestras da Codificação. Histórias e contos agradáveis ilustram freqüentemente a matéria em pauta, amenizando a sua exposição eminentemente teórica e auxiliando sobremodo o nosso entendimento.

Alguns temas estudados: Perispírito e suas propriedades, Imortalidade da alma e suas provas, Influência dos espíritos na natureza, Obsessão e obsessores, Médiuns e mediunidade, Amor a regra de ouro e, Vencendo a morte.

Autor: Sergito de Souza Cavalcanti
Formato: 14 X 21 cm
Nº de páginas: 340
Preço: R$ 24,00
ISBN: 85-98080-27-6

Talita Cumi

Estudo do Evangelho

A presente obra está estruturada em 37 capítulos apresentando: diversas passagens da vida do Cristo; importantes parábolas ensinadas pelo Mestre; algumas bem selecionadas curas por Ele promovidas; finalizando com Sua prisão, julgamento, crucificação e a ressurreição vitoriosa.

É um livro de leitura fácil, agradável e edificante. Embora profunda em sua essência, é dessas obras que começamos a ler e não queremos parar.

Autor: Sergito de Souza Cavalcanti
Formato: 14 X 21 cm
Nº de páginas: 224
Preço: R$ 24,00
ISBN: 85-98080-40-3

Relicário

Auto-ajuda

Nessa obra encontraremos subsídio para enfrentar problemas afetivos, morais, emocionais, espirituais.

Aqui estão o auxílio necessário, o amparo que vem de Alto em nosso socorro para que transformemos definitivamente o homem velho cheio de vícios e dificuldades, a fim de surgir o homem novo pleno de amor e paz.

Autora: Elma Layde Lamounier Torres
Pelo espírito: Irmão Tomaz
Formato: 14 X 21 cm
N° de páginas: 256
Preço: R$ 20,00
ISBN: 85-98080-08-X

Torre de Cynara

Romance mediúnico

Cynara é o nome de uma colônia espiritual próxima da Terra e seus habitantes são em sua maioria antigos artistas.

Cada capítulo é uma revelação de toda a realidade vivida no mundo espiritual, e também um alerta para todos que estão empenhados em sua reforma íntima.

Esta é uma história que mutos dirão fantástica, onde o real parece se confundir com o irreal mais fascinante que possamos imaginar.

Autora: Elma Layde Lamounier Torres
Pelo espírito: Clara de Fontaine
Formato: 14 X 21 cm
N° de páginas: 228
Preço: R$ 20,00
ISBN: 85-98080-16-0

O Emissário das Sombras

Romance

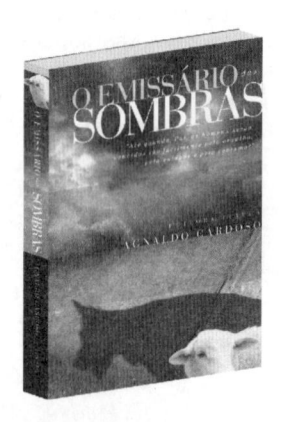

Planejadores das sombras se reúnem em seminários, congressos e debates, buscando encontrar meios mais eficazes para debilitar a doutrina. Há muito tempo, esses irmãos, ainda presos nas teias da cruel ignorância, ou alimentados por um terrível e cego ódio, tentam se infiltrar nas fileiras espíritas.

Com o objetivo de traçar-nos uma rota segura nos trabalhos do Cristo, é que vem a lume, O Emissário das Sombras, trazendo em seu bojo orientações claras acerca do nosso verdadeiro papel como aprendizes do Mestre.

Autor: Agnaldo Cardoso
Formato: 14 X 21 cm
N° de páginas: 324
Preço: R$ 24,00
ISBN: 978-85-98080-44-4

O Tesouro Escondido

Romance

Só o bem é eterno.

Temas como aborto, a eficácia da prece, o valor das amizades, desdobramentos espirituais, vida após a morte são colocados de forma simples e descontraída. Não deixe de ler e indicar este tesouro!

Autor: Otácvio Augusto Martins Lopes
Formato: 14 X 21 cm
N° de páginas: 260
Preço: R$ 24,00
ISBN: 85-98080-32-2

Emaús

Estudo do Evangelho

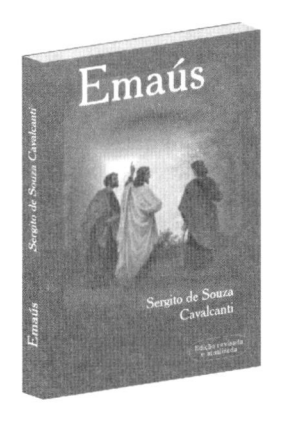

Jesus venceu a morte! Revelou esta verdade inconteste, a imortalidade do espírito, a dois de seus discípulos na Estrada de Emaús. Mostrou-se, mas não foi percebido no primeiro momento, dando-se a conhecer, desapareceu em seguida, fazendo-os entender que a sua permanência entre nós não se prende a laços materiais, e sim, espirituais.

Autor: Sergito de Souza Cavalcanti
Formato: 14 X 21 cm
N° de páginas: 244
Preço: R$ 20,00
ISBN: 85-98080-14-4

Sândalo

Mensagens

Quer se acredite nesta ou naquela religião, todos nós buscamos algo melhor na vida. O homem sempre está à procura da felicidade. Está sempre num grande conflito moral diante do que é e do que gostaria de ser.

Elaborado para ser aberto ao acaso, pode ser usado nos cultos semanais do Evangelho no Lar e nas horas de reflexão e prece.

Em suas páginas aprendemos a conviver com a dor, a velhice, a doença e a morte. Descobrimos com enfrentar os sofrimentos, transformando-os em alavancas para nosso crescimento espiritual.

Autor: Sergito de Souza Cavalcanti
Formato: 14 X 21 cm
N° de páginas: 232
Preço: R$ 20,00
ISBN: 85-98080-05-5

Gotas de Luz na Flor de Laranjeira

Romance mediúnico

"Gotas de Luz na Flor de Laranjeira" é um livro onde as cenas são o cotidiano de uma vida que, apesar de alicerçada sobre oportunidades de aprendizado, foi marcada pelos passos falseados que o autor experimentou. São dores sagradas, pois, só através das experiências sentidas e vividas, seremos capazes de avaliar realmente o que é positivo e negativo para o nosso crescimento íntimo.

Jesus caminhou pelos montes da sabedoria, mostrando-nos que só através da conquista íntima atingiremos o limiar da criação perfeita do Pai.

Autora: Analisa Carmo
Pelo espírito: José da Cunha
Formato: 14 X 21cm
Nº de páginas: 246
Preço: R$ 24,00
ISBN: 85-98080-25-X

O Despertar de Um Novo Dia

Romance mediúnico

Belo mergulho na essência do ser, o autor tem a oportunidade sagrada de contemplar os seus atos terrenos, e as consequências destes atos, com os planos de aperfeiçoamento traçados antes de reencarnar.
Chocado com seu fracasso, José busca no Pai Maior as forças necessárias para o seu redimir, quando novamente estará no planeta Terra.

Auxiliado incessantemente pelos amigos de jornada, muito dos quais havia prejudicado fortemente, José se fortalece na fé do grupo e no perdão incondicional a ele dado, vivenciando com louvor sua nova experiência na Terra.

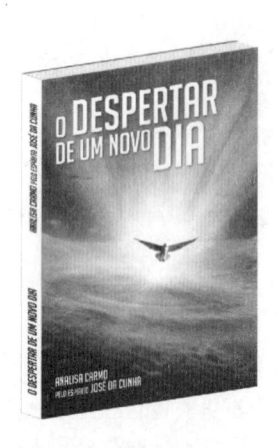

Autora: Analisa Carmo
Pelo espírito: José da Cunha
Formato: 14 X 21cm
Nº de páginas: 260
Preço: R$ 24,00
ISBN: 978-85-98080-50-5

Depressão e Mediunidade

Terapia espírita

"Terapia médica e terapia espírita, juntas e despidas de preconceitos, muito podem realizar em prol da saúde do ser, abrindo roteiros e ideais da verdadeira liberdade."

A depressão e seu tratamento na ótica espírita de um psiquiátra, de um psicólogo e de dois dirigentes de reuniões mediúnicas.

Autores: Célio Alan Kardec –
Wanderley Soares de Oliveira
Jairo Avellar – Wander Luiz de Lemos
Formato: 14 X 21 cm
N° de páginas: 196
Preço: R$ 20,00
ISBN: 85-98080-10-1

Obsessão e Transtornos Psíquicos

Terapia espírita

Demonstra-se nesta obra, no que tange aos diagnósticos e procedimentos terapêuticos para tratamento das alienações mentais, não existir uma linha demarcatória entre a ciência médica clássica e a ciência espírita.

O autor descreve quadros de enfermidades expostos na intimidade das reuniões mediúnicas de desobsessão.

Autores: Célio Alan Kardec
Formato: 14 X 21 cm
N° de páginas: 238
Preço: R$ 20,00
ISBN: 85-98080-11-X

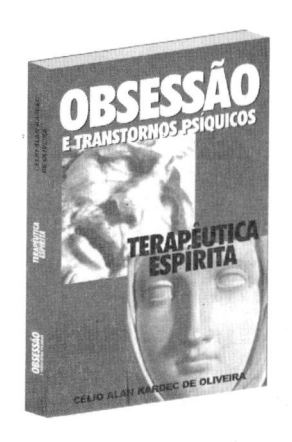

Rabboni

Estudos do Evangelho

Nestas páginas vamos acompanhar Jesus de Nazaré ensinando ao ar livre, nos campos e nas sinagogas, pregando o Evangelho do Reino, curando toda a sorte de doenças e enfermidades entre o povo. Trazendo temas importantes para a nossa reflexão.

Não perca!

Autor: Sergito de Souza Cavalcanti
Formato: 14 X 21cm
Nº de páginas: 220
Preço: R$ 20,00
ISBN: 85-98080-04-7

Getsêmani

Estudos do Evangelho

Conheça os sublimes ensinamentos que Jesus nos legou através da cura do jovem lunático, a mulher samaritana, os dois ladrões, o suicídio de Judas Iscariotes e muitos outros temas ensinado e exemplificado por Jesus de Nazaré.

Autor: Sergito de Souza Cavalcanti
Formato: 14 X 21cm
Nº de páginas: 232
Preço: R$ 20,00
ISBN: 85-98080-02-0

Série Infantil

Salido, o bom espanholzinho

Este livro narra a história de Salido, um garoto que ama a natureza, respeita a liberdade dos animais e se emociona com a gratidão dessas pequenas criaturas.

Autor: Sergito de Souza Cavalcanti
Formato: 14 X 21 cm
Nº de páginas: 28
Preço: R$ 12,00
ISBN: 978-85-98080-41-3

O sonho de Maíra

Uma história comovente, cheia de revelações e com um final surpreendente! Através da pequena índia Maíra percebemos quão grande é o amor de Deus que nunca abandona nenhum de seus filhos, mesmo aqueles que vivem nas selvas e florestas isolados da cidade e dos homens brancos.

Autor: Sergito de Souza Cavalcanti
Formato: 14 X 21 cm
Nº de páginas: 24
Preço: R$ 12,00
ISBN: 978-85-98080-18-5

Zequinha, o menino de rua

Autor: Sergito de Souza Cavalcanti
Formato: 14 X 21 cm
Nº de páginas: 24
Preço: R$ 12,00
ISBN: 978-85-98080-19-2

Uma emocionante história que irá tocar não só os corações infantis, como também o de adultos.

Uma reflexão, sobre esta questão muita séria: Crianças abandonadas nas ruas.

Qual é ou como deveria ser a nossa postura?

Apresentamos esse triste problema as nossas crianças e ao mesmo tempo estimulando para que mudem essa realidade.

ITAPUÃ
EDITORA E GRÁFICA

Rua Iporanga, 573 - Jardim Pérola - BH - MG
Cep: 32110-060
Fone: (31) 3357-6550

Email: itapuaed@terra.com.br
Site: www.itapuaeditora.com.br